Otacílio Batista, uma história do repente brasileiro

Sandino Patriota

copyright Sandino Patriota
edição brasileira© Hedra & Acorde 2023
prefácio© Edmilson Ferreira dos Santos
posfácio© Fernando Patriota
edição Paulo Almeida e Janaína Marquesini
coedição Jorge Sallum e Rogério Duarte
revisão e preparação Rogério Duarte
capa Matheus Nunes
imagem da capa Welfesom Alves

ISBN 978-65-84716-17-9

conselho editorial Adriano Scatolin, Antonio Valverde, Caio Gagliardi, Jorge Sallum, Ricardo Valle, Tales Ab'Saber, Tâmis Parron

Dados Internacionais de Catalogação na Publicação (CIP)
(Câmara Brasileira do Livro, SP, Brasil)

Patriota, Sandino

Otacílio Batista, uma história do repente brasileiro / Sandino Patriota; prefácio de Edmilson Ferreira. – 1. ed. – Rio de Janeiro: Acorde!, 2023.

ISBN 978-65-84716-17-9

1. Batista, Otacílio 2. Cantores – Brasil – Biografia 3. Repentes (Música) – Brasil 4. Repentistas – Brasil, Nordeste I. Ferreira, Edmilson. II. Título.

23-167780 CDD: 782.0092

Elaborado por Aline Graziele Benitez (CRB-1/3129)

Índices para catálogo sistemático:
1. Cantores brasileiros : Biografia e obra 782.0092

Grafia atualizada segundo o Acordo Ortográfico da Língua Portuguesa de 1990, em vigor no Brasil desde 2009.

Direitos reservados em língua portuguesa somente para o Brasil

EDITORA HEDRA LTDA.
R. Fradique Coutinho, 1139 (subsolo)
05416–011 São Paulo SP Brasil
Telefone/Fax +55 11 3097 8304
editora@hedra.com.br
www.hedra.com.br
Foi feito o depósito legal.

Otacílio Batista, uma história do repente brasileiro

Sandino Patriota

1ª edição

hedra   acorde!

São Paulo   2023

Otacílio Batista, uma história do repente brasileiro é a biografia do cantador-repentista Otacílio Batista, pernambucano de Itapetim (PE), radicado em João Pessoa (PB), na qual se destaca seu papel na poesia de repente brasileira e a relevância desta cultura oral na constituição da literatura e da história do Brasil.

Sandino Patriota é jornalista, formado em letras e pesquisador da filosofia da linguagem pela Universidade Federal do ABC (UFABC). Sandino é paraibano e neto de Otacílio. Nos últimos anos, dedicou-se a pesquisar os arquivos pessoais, as publicações fundamentais sobre o tema e a realizar entrevistas com pessoas do mundo cantoria, familiares e amigos que conviveram com Otacílio para produzir a presente obra.

Edmilson Ferreira dos Santos é cantador-repentista, mestre em linguística, doutorando em teoria literária (UFPE) e divulgador do repente através do canal Mestres do Repente, no youtube.

Fernando Patriota é jornalista, produtor cultural e assessor de comunicação do Tribunal de Justiça da Paraíba. Fernando é o filho mais novo de Otacílio Batista.

Sumário

Prefácio, *por Edmilson Ferreira dos Santos* 7
Introdução 13
1   O Papa e o Jegue 17
2   No sertão que a gente mora, mora o coração da gente 25
3   Os três irmãos cantadores… e uma poetisa 37
4   É divino, é muito belo, dois poetas num duelo, cadenciando o Martelo na bigorna do baião 63
5   O cachorro que mordeu Bité 79
6   Senhores críticos, basta! Deixai-me passar sem pêjo 85
7   Irrigando os corações do vale jaguaribano 99
8   É divina a melodia que a voz do Uirapuru tem 113
9   Sua cor imita a minha, seu cabelo é agastado 127
10 Sou o cantador malhó que a Paraíba criou-lo 149
11 Que pé de mandacaru nunca deu sombra a ninguém . 165
12 Mulher nova, bonita e carinhosa faz o homem gemer sem sentir dor 183
13 Ele pode mudar de habitação, mas na alma do povo o nome fica 199
Posfácio, *por Fernando Patriota* 207

APÊNDICE.	.213
Cronologia	215
Discografia	219
Agradecimentos	227

Prefácio
A memória e o legado de Otacílio

2023 É UM ANO PARTICULARMENTE ESPECIAL para o universo das poéticas orais, sobretudo para a cantoria de repente do nordeste brasileiro. É o ano em que se comemora o centenário do nascimento de Otacílio Batista, um dos maiores nomes da história da cantoria e o motivo fundamental da publicação deste livro.

Contrariando o desejo do próprio Otacílio, que ao longo da vida tentou enfaticamente afastar os filhos do ofício com que sustentou a família e fez uma marca indelével nos palcos da cantoria, é exatamente o seu neto, Sandino Patriota, jornalista, editor e pesquisador, que toma para si a incumbência de escrever uma biografia diacrônica e contextualizada do avô ilustre.

Quando Otacílio partiu, Sandino tinha apenas dezoito anos. Mas o tempo de convivência entre os dois foi o suficiente para que o neto entendesse a importância da cantoria na vida da família, e do avô na história da cantoria. Ademais, a distância temporal entre os dois é, em boa medida, compensada pela pesquisa criteriosa às pegadas deixadas por Otacílio ao longo de mais de sessenta anos de caminhada poética. Agora, avô e neto se reencontram numa relação dialógica entre pesquisador e pesquisado, um dignando-se ao registro, outro determinado a fazê-lo; o avô cuja obra ao longo da vida fez história e o neto cuja missão é resumir a história de uma vida em sua obra

A obra que aqui se apresenta sob os ditames do gênero biografia não traz apenas uma sequência enfadonha de quando o biografado nasceu, por onde passou, o que fez e onde e como partiu. É muito mais que isso. Sandino extrapola o sentido do *que* e apresenta o *porquê* de cada passo, cada atitude, cada episódio dessa história cheia de complexidade, oscilações e grandeza, em que se fundem, na maioria das vezes, vida pessoal e profissional, contexto histórico e condução individual.

O livro é dividido em 13 capítulos, que trazem passagens marcantes da vida de Otacílio. Esses capítulos não obedecem, necessariamente, a uma ordem temporal contínua, seja pela co-existência de acontecimentos memoráveis ou pela escolha do biógrafo em aproximar fatos correlatos. Mas, de maneira geral, há uma linha sequencial de eventos marcantes para tornar mais simples o entendimento. A cada um desses capítulos o autor intitula com um trecho ou título de uma poesia de Otacílio ou de alguma história narrada ou protagonizada por ele, o que nos dá desde o começo uma ideia da dimensão e da pluralidade do seu legado poético.

É, portanto, um livro de memórias. As de Otacílio, materializadas em poesias, entrevistas, depoimentos e livros; e as de Sandino, em vivências; estas complementadas por recolhas de materiais gráficos, audiovisuais e pesquisa de campo, notadamente nos espaços de convivência e atuação profissional do avô. Oralidade e escritura se fundem neste trabalho, pois só uma coisa ou outra não daria conta de enquadrar a dimensão de Otacílio. Jacques Le Goff lembra que "a memória escrita se vem acrescentar à memória oral", e é isso que esta obra realiza. Importante lembrar, também, que mesmo fazendo referência ao passado, é com base nas experiências do presente que as imagens persistentes da lembrança se constituem. Eric Kandel assevera que, "num sentido mais amplo, a memória proporciona continuidade às nossas vidas". E acrescenta que "sem a força coesiva da memória, a experiência se estilhaçaria numa quantidade de fragmentos tão elevada quanto o número de momentos de uma vida".

Assim, grande parte do que é posto neste livro vem da narrativa oral, do próprio Otacílio ou de pessoas que conviveram com ele. Mesmo as fontes escritas consultadas nasceram mais de depoimentos dos personagens que de impressões dos autores. Para Ecléa Bosi, "quando um grupo trabalha intensamente em conjunto, há uma tendência de criar esquemas coerentes de narração e de interpretação dos fatos, verdadeiros 'universos de discurso', 'universos de significado' ". Tais universos concedem ao material de base uma forma histórica própria, uma "*versão consagrada dos acontecimentos*".

Alessandro Portelli afirma que "não existe fidelidade quando transformamos um discurso oral maravilhoso em uma página escrita que não se pode ler, numa adaptação mecânica; é preciso, isso sim, que haja memória da origem oral". A autora acrescenta que "o conteúdo da memória pode ser o passado, mas a atividade de recordar, a atividade de contar a história do passado é uma atividade do presente". Contudo, a única maneira de garantir que tenhamos estes registros acerca da vida e da obra de Otacílio com a fidelidade possível para o momento atual é a transposição do oral para o escrito, pois quanto maior é a distância entre o fato ocorrido e a descrição oral a seu respeito menor é a certeza da sua exatidão, dada a movência da língua viva e a possibilidade de enxerto às lacunas da memória para completar a narrativa.

Seja com base nas fontes orais ou escritas disponíveis, a verdade é que Otacílio foi, de fato, um repentista diferenciado que imortalizou-se na memória espontânea dos ouvintes de cantoria. Construiu com a sua postura e a sua arte, sempre bem servida de improviso fácil e voz esplêndida, uma imagem respeitável também no meio intelectual, no âmbito político e no campo midiático. Grandes autoridades nacionais perceberam a sua grandeza e reconheceram a abertura de espaço que o seu trabalho proporcionou à cantoria. Dois dos três grandes festivais realizados em Fortaleza, Recife e Rio de Janeiro, de 1947 a 1949, foram vencidos por Otacílio, com enorme repercussão, o que escancarou portas jamais abertas anteriormente para a cantoria de repente.

Cabe pontuar, contudo, o silêncio omisso do pesquisador potiguar Câmara Cascudo, que preferiu ignorar essas conquistas de Otacílio e de tantos outros contemporâneos, insistindo em manter o conceito negativo e estereotipado de cantador nas edições e reedições dos seus livros, como *Vaqueiros e Cantadores e Histó-*

ria Oral do Brasil. Enquanto Carlos Drummond de Andrade e Joaquim Cardoso presenteavam Dimas Batista com uma viola o nomeando "príncipe dos poetas brasileiros" pelo seu alto desempenho intelectual, Cascudo continuava rotulando cantador como "analfabeto e bronco, arranhando a viola primitiva, pobre de melodia e de efeito musical".

Mas a missão de Otacílio se faz maior que qualquer omissão. Ao longo das muitas décadas em que se dedicou ao ofício poético, teve a grandeza de se adaptar às diferentes demandas que encontrou no seu trajeto. Era contra os repentistas do rádio e o rádio enquanto ferramenta de difusão do seu trabalho, mas ao ver o sucesso dos que tinham programa, decidiu que deveria também ter o seu, e foi atrás; assumiu posturas racistas em parte da sua obra, porém tentou redimir-se posteriormente ao escrever, musicar e gravar *Amor de preta*; opôs-se aos novos repentistas, no entanto uniu-se a alguns desses ao longo da carreira para atender ao mercado.

Quanto às posições de Otacílio, vale lembrar que este não era um pesquisador acadêmico atrelado a normas e preceitos técnicos, nem éticos. Era essencialmente um repentista que se dava ao trabalho de transpor seus pensamentos, em poesia ou em prosa, para o código escrito, como mais uma forma de ampliar a renda através da sua arte. Assim, ao supervalorizar a família, mencionando, por exemplo, que "Lourival foi o maior repentista de todos os tempos", Otacílio está emitindo naturalmente a sua posição como irmão e fã, sem obrigação de provar a sua tese. Da mesma forma, quando produz estrofes satíricas contra Elizeu Ventania, Zé Limeira e Vila Nova está fazendo o que muitos outros repentistas já fizeram: defendendo seu território e tentando obstacularizar o caminho da concorrência. Mas o mesmo Otacílio que se permitiu defender ou acusar ao sabor das conveniências, também assumiu posições inovadoras para o contexto da cantoria, sobretudo nas últimas décadas de atuação profissional, ao escrever e publicar poemas pornográficos, num gesto corajoso de ruptura com o moralismo da sociedade como um todo e da cantoria em particular.

Eis aqui, portanto, uma biografia digna de louvores. A investigação jornalística de Sandino encontra a importância artística de Otacílio, e resulta numa obra diferenciada pela seriedade com que foi escrita, fazendo jus à relevância do que foi transcrito e às comemorações do seu primeiro centenário. Ratificamos, sem ressalva, o que diz o pedagogo, poeta e pesquisador do repente, sobrinho de Otacílio, Chárliton Patriota: "pode-se contar a história de Otacílio sem se contar a história da cantoria, mas não se pode contar a história da cantoria sem se contar a história de Otacílio".

Edmilson Ferreira dos Santos

Introdução
Uma história do repente brasileiro

PODE UM TEXTO ESCRITO expressar fielmente os elementos da cultura oral? É possível responder simplesmente a esta pergunta com um sonoro não. No contexto da reconstituição da vida e da obra do poeta Otacílio Batista, no entanto, a resposta é um tanto mais complicada. Isso porque Otacílio é o poeta de um interregno, de uma transição, de uma viagem cheia de desencontros, idas e voltas e também de conflitos. Do campo para a cidade; da cantoria de pé-de-parede pela bandeja à profissão do cantador que sustenta a família com o cachê; da tradição oral do repente ao registro da poesia escrita, Otacílio viveu e participou dessas rupturas, muitas vezes contra a própria vontade, mas sempre em uma posição de destaque.

A poesia de *repente* — dita na mesma hora e de improviso, a partir de um tema ou de um mote, dentro de uma quantidade pré-definida de versos ou pés, de sílabas poéticas contadas, com métrica, rima e oração — é a tradição oral mais bela da nossa cultura popular. É o exercício e a exaltação da *memória*, do conhecimento e do manejo das palavras precisas, que não podem ser outras senão as palavras da vida, do trabalho, da natureza e do riso.

Antes da escrita e muito antes da imprensa, foi através da cultura oral que as mais complexas sociedades regeram seu funcionamento durante milênios, estabelecendo formas de vida e tradições que perduram até hoje. A organização dos enunciados relevantes para aquelas sociedades — de forma rimada e escancionada — é uma tecnologia da língua para fazer com que aquilo que é importante não se perca, não seja esquecido, é o ato de contar a história, não a história lida a partir de um papel ou de uma tela, mas lembrada a partir do que outra pessoa nos contou, muito mais significada assim no outro, na sua entonação. Aprender a rimar é, antes de tudo, aprender a lembrar. No momento em que a profusão de novas tecnologias inunda a vista com tantas informações, quando o sentido de urgência é atribuído a quase todos os eventos nos fazendo perder o tempo para a reflexão histórica, para a análise e a comparação, é interessante pensar nos benefícios da cultura oral e da tecnologia da rima.

Não há história sem memória. Todas as tecnologias ainda não fizeram uma máquina capaz de produzir a história, mas apenas de guardar, e algumas vezes distorcer, as informações. É o ser humano no meio social quem faz a história, entre outras coisas, contando os acontecimentos de sua vida e da de seus semelhantes, significando seus feitos, valorando seus desafios e conflitos.

A história de Otacílio Batista é também a história de uma coletividade de brasileiros, de um dos nossos diversos povos nacionais, o qual têm a especial distinção de guardar a tradição da cultura oral em sua forma mais poética. Seu topônimo de referência é, como não podia deixar de ser, o nome de um rio sazonal, visto a escassez e a importância da água para a região. É o *rio dos pajés* na língua tupi antiga, o *Pajeú*, rio que nasce na Serra da Balança, entre a Paraíba e Pernambuco, passa pelo riacho do navio, como já cantava Luiz Gonzaga, e vai desaguar no rio São Francisco. O encantamento posto pelos pajés donos do rio foi de tanta força que fez a atividade poética ser largamente difundida no território. De suas centenas de poetas, surgiram dezenas de grandes sumidades do improviso, também intitulados Vates, entre eles, Otacílio Batista.

É também a história de como os povos do nordeste brasileiro guardam a sua memória, como reconstituem sua história, como fomos colonizados e sobre qual é a chave para que possamos superar a colonização. A poesia de repente, como cansam de repetir os cantadores até hoje, não é mero adorno folclórico para exposição em feiras e eventos turísticos, ressaltando o exótico para um estrangeiro como num safari, mas é expressão estética genuína da vida do trabalhador rural, da mulher e do homem do sertão, literatura que representa e dá sentido a toda uma comunidade.

Cada crise é, também, uma nova oportunidade. Ao lado da necessidade, há na situação atual novas possibilidades de retomar os benefícios da cultura oral. Os contatos via internet, as amplas possibilidades de gravação e reprodução de áudio e vídeo, as novas formas de disponibilização e armazenamento, todas são tecnologias que abrem novos caminhos para atribuir um novo sentido para a cultura oral e a poesia de repente. Contribui para este novo sentido afirmar a importância do gênero para a literatura nacional, retomar o valor poético de seus principais intérpretes no contexto em que suas obras foram produzidas, fazer a academia dar nova interpretação às suas produções.

Em setembro de 2023, comemoramos o centenário de nascimento do poeta Otacílio Batista. Otacílio viveu da cantoria de viola, sua única atividade profissional, durante mais de 60 anos. Formou família em Tabuleiro do Norte, no interior do Ceará. Foi para Fortaleza (CE) e depois para João Pessoa (PB) em busca de acesso a saúde e educação para seus dez filhos. Sua vida algumas vezes se assemelha com a de muitos sertanejos forçados a fazer o êxodo rural. Sua ferramenta de trabalho é que foi diferente, para a qual nunca pôde receber ensino formal para manejar, mas que ainda assim dominou como poucos: a poesia.

A reconstrução dessa memória conta com a contribuição de dezenas de cantadores, apologistas, estudiosos do repente e familiares que se dispuseram a colaborar contando aquilo que sabem e que viveram com Otacílio. Consultamos também as mais importantes publicações que buscaram tratar do tema do repente no período que focamos. Vertemos para o texto escrito aquilo que só pode ter a sua verdade na tradição oral, na entonação e na lembrança de muitas pessoas.

Como não podia deixar de ser, é o desejo de dizer a verdade de uma história do repente brasileiro, entre tantas outras verdades que foram e serão contadas. Ninguém melhor que José Rabelo de Vasconcelos expressou esse desejo quando disse que

por fidelidade ao povo e sua cultura, este trabalho não é nem quis ser um livro: é uma cantoria. (…) Perguntar-se-á: por que escrevê-lo? Para ficar e ser criticado e zombado. Todos no Reino temos consciência disto: a escrita existe para fixar a suposta verdade do momento. Daí a necessidade de se registrar o improviso.[1]

Como neto de cantador, guardo nas minhas primeiras memórias de infância a imagem de Otacílio em sua casa, no bairro do Brisamar em João Pessoa. Já um ancião, sempre sentado no sofá ou balançando a rede na varanda, com a barba por fazer, Otacílio não mais empunhava sua viola regra inteira que ficava sempre guardada no fundo do guarda roupa. Mas lia e levava sempre consigo um livro, muitos livros que eram guardados com carinho em um dos maiores quartos da casa, logo ao lado da sala. Foi ele mesmo quem declarou, em depoimento à Rádio Tabajara: "eu só estudei até o segundo ano primário, porém gosto muito de ler, já li boa parte dos clássicos. Não me sinto bem quando não estou lendo ou escrevendo, sou muito curioso com as coisas". Gosto de pensar que esta biografia é também uma realização do poeta e que Otacílio estaria feliz em ver sua história publicada em livro no ano de seu centenário.

---

1. VASCONCELOS, José Rabelo de. *O Reino dos Cantadores ou São José do Egito etc., coisa e tal*. 2 ed. São José do Egito: Ed. do autor, 2014.

Capítulo 1
O Papa e o Jegue

EM 30 DE JUNHO DE 1980, Karol Wojtyla, o Papa João Paulo II, desembarca no Brasil para uma verdadeira peregrinação por várias cidades. Impulsionada por uma forte cobertura midiática, a visita do pontífice foi inserida no contexto de combate ao comunismo e serviu à recuperação da popularidade de uma ditadura militar em aberta decomposição.

Era o período da hiperinflação, quando os preços eram aumentados em até 80% de seu valor nominal a cada mês. A pobreza e os conflitos sociais ficavam mais agudos com o crescimento das favelas em quase todas as grandes cidades do país. O Brasil — que ainda seria visitado mais duas vezes pelo mesmo Papa —, país com maior número de católicos no mundo, foi um dos 129 países visitados pelo João de Deus, um clérigo com origem em um país então socialista, a Polônia, e em franca campanha pela derrubada do socialismo no leste europeu.

Neste contexto conflituoso, toda a força da mídia brasileira foi posta para ampliar o que o Papa tinha a dizer. Cid Moreira[1] afirmou que a televisão dedicou ao Papa a mais completa cobertura de sua existência. Os índices de audiência foram impressionantes, uma média de 85% dos 15 milhões de aparelhos de TV que existiam no Brasil inteiro, considerando todos os canais. Isso significa que todos os dias mais de 50 milhões de pessoas acompanharam a visita do Papa pela televisão. Houve dias em que as

---

1. Cid Moreira sobre a visita de João Paulo II ao Brasil no *Fantástico* de 13 de julho de 1980, um dia após a volta do Papa a Roma. Disponível online.

transmissões ao vivo chegaram a atingir o índice de 90% de audiência, quase todos os canais de TV foram reunidos pelo governo da ditadura para exibir com total prioridade a visita do Papa.

Quando o Papa chegou ao Ceará, na cidade de Fortaleza já havia uma grande fila às portas do estádio do Castelão, local onde iria ocorrer um show e uma missa em homenagem ao santo padre. Mais de 120 mil pessoas forçavam para entrar no estádio que teve seus portões arrombados e três mulheres pisoteadas e mortas pela multidão. No dia nove de julho, o governador decretou feriado estadual para que a população fosse ao estádio e acompanhasse nas ruas a passagem do Papa. Mais de um milhão de pessoas compareceu à missa celebrada em frente ao estádio.

> O povo no castelão
> aplaude, grita e se aferra.
> Toda a multidão vibrando
> que até parece uma serra,
> ou um pedaço do céu
> caindo em cima da terra.[2]

O grande artista chamado para cantar ao Papa e representar a cultura e as tradições do nordeste foi o rei do baião, Luiz Gonzaga. O combinado era Luiz cantar uma composição sua com o padre Gotardo Lemos,[3] especialmente preparada para visita, "Obrigado, João Paulo II":

---

2. Otacílio Batista e Pedro Bandeira. *Apelo ao Papa*. Faixa 1: "Saudação ao Papa". Discografia de Otacílio. 1980.
3. Padre Gotardo compôs a música "Obrigado, João Paulo II", interpretada por Luiz Gonzaga. A canção depois ficou conhecida como "O Hino do Papa". Como Gotardo era um fanático torcedor do Ceará, a torcida do time do popular vozão adotou a canção para o clube e havia a crença de que, sempre que a mesma era entoada nos dias de jogos do Ceará, a vitória era dada como certa. Gotardo faleceu em 2015, aos 85 anos.

Há séculos sofrendo
rigor mais tremendo
de um clima feroz,
o povo suporta,
a fé nos conforta,
Deus luta por nós.
Se fica, padece,
se parte, entristece,
mas mostra o valor
de quem na pobreza
descobre a riqueza
da fé no Senhor.

O mestre Lua, no entanto, quebrou o protocolo e emendou em *pout-pourri* seu maior sucesso, já então com mais de trinta anos de gravação: "Asa Branca". A terra ardendo pela seca e a posição saudosa do sujeito do nordeste forçado a emigrar de sua terra eram realidades ainda muito presentes.

Otacílio Batista, Pedro Bandeira[4] e Alberto Porfírio[5] foram três dos cantadores repentistas escolhidos para expressar ao Papa a cultura da poesia de repente. Para alguém que nasceu no sertão pernambucano na década de 1920 e que tinha vivido quase 60 anos dentro desta estrutura social, estar diante do sumo pontífice da Igreja Católica de Roma era uma realização enorme. Otacílio pensava em como sua mãe estaria orgulhosa de seu filho, enfim, alcançar um reconhecimento tão marcante para a profissão.

4. Pedro Bandeira Pereira de Caldas, o cantador Pedro Bandeira, nasceu no dia 1 de maio de 1938, no Sítio Riacho da Boa Vista, município de São José de Piranhas (PB) e morreu no dia 24 de agosto de 2020, na cidade de Juazeiro do Norte (CE). Foi um dos principais parceiros de cantoria de Otacílio, compartilhando gravação de vários discos.
5. Alberto Porfírio da Silva (Quixadá, 23 de dezembro de 1926 — Fortaleza, 23 de setembro de 2009), além de cantador, foi um escultor e xilogravurista. Foi autor de muitos cordéis e também publicou obras como *Poetas Populares e Cantadores do Ceará* (1977), *Os Cem Sonetos* e o *O Livro da Cantoria* (1997).

Os anos 1980 marcaram o auge de uma carreira de repentista profissional que já alcançava os 40 anos de estrada. Era o momento em que Otacílio colhia os frutos de todo o sofrimento que foi dedicado à consolidação da atividade. Depois de passar anos viajando a pé e realizando cantoria de pé-de-parede, depois de viver a ascensão do rádio e a propagação da cantoria com o surgimento de centenas de novos cantadores, era o momento de ser buscado por gravadoras para o registro de LP's e do reconhecimento por membros da academia e professores universitários que patrocinavam a realização de festivais com grande público.

Em uma entrevista realizada em 1982, quando perguntado sobre a situação do cantador naqueles tempos, Otacílio respondeu:

olha, está sobrando apoio. As entidades oficiais nunca nos deram condições de elevar a poesia popular como está sendo feito agora. Você veja que até a televisão abriu espaços importantes, como por exemplo o programa Som Brasil, no qual eu já tive a oportunidade de participar. Portanto a nossa situação está ótima, já fomos até profissionalizados pelo Ministério do Trabalho (…) tenho um contrato de cinco anos com a CBS e pretendo aproveitar para lançar logo outro disco, já que não me falta material.[6]

Naquele hora, em frente ao Papa, toda essa história passou na frente de Otacílio como um filme. Como artista, era o momento também de maior liberdade para expor aquilo que realmente pensava, sem a necessidade de ocultar determinado posicionamento em razão de uma possível restrição aos espaços. É interessante que ali, podendo dizer o que pensava, Otacílio se liga ao clima crescente de protesto social que acompanhava o fim da ditadura e, talvez inspirado em Pelé no discurso do milésimo gol, cantou esses 10 pés:

---

6. BATISTA, Otacílio. *Os três irmãos cantadores*: Lourival, Dimas e Otacílio. João Pessoa, PB: Editora do autor, 1995. p. 190.

No ano internacional,
a criança continua
apodrecendo na rua
num sofrimento geral.
Sem leito, sem hospital,
apanhando pelo chão
alguns farelos de pão
que o burguês da casa rica
joga fora quando fica
sobrando para o seu cão.

Criança, verde campina.
Criança, pássaro que voa.
Criança, Deus em pessoa.
Criança, virgem-menina.
Criança, rosa divina.
Criança, raio de amor.
A criança é como a flor,
não pode ser abatida,
abandonada ou ferida,
cai do galho e perde a cor.

Mudando a metrificação para um decassílabo, constrói um jogo de palavras com o mingau, ou a papa, como se diz no Ceará, e deixa registrado seu "Apelo ao Papa":[7]

E da santa poesia mensageira
da pobreza mais pobre do país,
é pequeno o poeta que não diz
quanto sofre a criança brasileira.
Ninguém pode viver dessa maneira
sem um teto, sem lar, sem pão, sem nome.
Quem é filho de rico bebe e come,

---

7. Otacílio Batista e Pedro Bandeira. *Apelo ao Papa*. Faixa 2: "Apelo ao papa". Discografia de Otacílio. 1980.

quem é filho de pobre não escapa.
As crianças sem papa pedem ao Papa:
santo Papa, dê papa a quem tem fome!

~

É evidente que o Papa não entendeu nada do apelo a ele dirigido, mas isso não diminuiu a importância e a repercussão da mensagem de Otacílio. O Papa também não entendeu muita coisa quando encontrou com o paraibano, motorista do Senado Federal, Damião Galdino da Silva.

Damião era o dono de um jegue, a quem ele nomeou de *Jericar*. Jericar era muitas vezes visto pela capital federal completamente paramentado com os acessórios de um fusca, buzina, faróis, pisca-pisca, velocímetro, tornando-se uma figura conhecida no plano piloto.

Quando o Papa João Paulo II visitou Brasília, Damião tanto insistiu que conseguiu um encontro com o religioso e deu o valioso Jericar como presente a sua santidade. De volta a Roma, o Papa preferiu deixar Jericar no Brasil, talvez pensando que o animal pudesse não se adaptar ao rigoroso inverno italiano, ou até preocupado com a dieta alimentar particular desse gênero de equino.

Damião considerou que era uma grande desfeita o Papa deixar para trás seu valioso presente e iniciou uma jornada de ações diretas exigindo que o jegue fosse levado para a cidade santa. Ele acorrentou-se à torre de TV em Brasília, escalou o mastro da bandeira da Praça dos Três Poderes e até subiu a rampa do Palácio do Planalto com o jegue a tiracolo. Radical e intransigente, Damião chegou mesmo a viajar ao Vaticano e fazer greve de fome na Praça de São Pedro. Aquele era o momento em que a televisão começava a superar o rádio como principal meio de comunicação do país e a febre da busca dos quinze minutos de fama tinha se instalado. Depois de aposentado, Damião volta para a Paraíba e tenta se candidatar para vários cargos públicos, perdendo todas as eleições.

A pressão foi tão grande que a cúria brasileira foi obrigada a anunciar a remoção do jegue para Roma. Na viagem, no entanto, o animal morreu de causas misteriosas. A história rendeu a parceria entre Otacílio Batista e Luiz Gonzaga, "O Papa e o Jegue", gravada no disco *70 anos de Sanfona e Simpatia*, de Luiz Gonzaga, em 1983. A música já anunciava o novo momento político do país, com a abertura lenta e gradual proposta por Figueiredo:

> Assessores do Papa, cardeais,
> baseados no Velho Testamento,
> cancelaram a viagem do jumento:
> a notícia é que o jegue não vai mais.
> Damião, deixa o seu burrico em paz,
> já que o Papa recusa o jeriquil,
> pra ninguém não chamá-lo de imbecil,
> é melhor desistir desse presente.
> Com a abertura do nosso presidente,
> o lugar do jumento é no Brasil

Nas combinações para o lançamento da canção "O Papa e o Jegue", a parceria entre Luiz Gonzaga e Otacílio foi se desenvolvendo e o rei do baião chegou a visitá-lo em João Pessoa. Esse foi o período em que Otacílio buscava aproveitar a fama adquirida na cantoria e começava a preparar sua aposentadoria em uma terra sossegada.

A atividade dos poetas repentistas foi, durante boa parte do século 19 até a década de 1940, principalmente um veículo de entretenimento e informação para a população do nordeste brasileiro, território de periferia em relação ao centro, tanto do Império quanto da República. Os cantadores faziam chegar à população dos sítios e fazendas as informações que não podiam chegar por outros meios, uma vez que não existiam televisões, rádios e nem mesmo a imprensa. As condições de realização deste trabalho, viajando longas distâncias quase sempre a pé e dependendo da boa intenção de fazendeiros e das doações colocadas na bandeja, fizeram o cantador-repentista ser socialmente identificado como um artista de segunda classe, muitas vezes confundido com um pedinte ou andarilho, tratado com ojeriza por estudantes e intelectuais das grandes cidades.

A partir da década de 1940, com a expansão do rádio e o aumento da urbanização das cidades, a atividade dos cantadores começa a mudar, ganhando prestígio frente a intelectuais e sendo reinterpretada como expressão estética fundamental da cultura do nordeste brasileiro. Otacílio foi um dos personagens mais importantes dessa mudança, realizando programas de rádio e cantorias em grande parte dos estados do nordeste e mesmo em São Paulo e no Rio de Janeiro. Foi também pioneiro em defender que a arte da cantoria, como a de qualquer outro artista, devia ser paga em valor combinado e antecipado, o cachê, e não apenas em doações voluntárias que caíam na bandeja. A profissão de cantador tinha que dar para a feira, ele dizia.

A partir da década de 1980, com o Brasil vivendo a abertura política e saindo do período da ditadura militar, a situação se tornava completamente diferente daquele ambiente predominantemente rural que existia quando Otacílio começou a cantar, em 1940. Uma nova mudança na atividade do cantador-repentista acontece, com a realização dos grandes festivais, a maior facilidade para gravação de discos e uma mais ampla divulgação da literatura produzida pelos cantadores.

Otacílio participou ativamente de todas essas fases da cantoria, em papel de destaque. Conhecer sua vida e obra poética é conhecer uma parte muito importante da história do repente brasileiro.

Capítulo 2
No sertão que a gente mora, mora o coração da gente

SE É PRECISO ENCONTRAR UM PONTO DE PARTIDA, uma pedra angular que fundamente e que permita fazer surgir a trajetória de Otacílio e a origem da distinta verve poética de sua família de cantadores, não há dúvida que este ponto é a história de Severina Guedes Batista, quando casada, Severina Guedes Patriota, mais conhecida por todos — e é assim que vamos chamá-la — como *Severina Batista*.

O Brasil era uma terra muito diferente quando Severina Batista nasceu, no dia 22 de maio de 1891. Mais ainda era a cidade de Teixeira (PB), seu local de nascimento, a 25 km de Itapetim (PE), antiga Vila de Umburanas. Severina cresceu na virada do século, assistindo aos conflitos do fim da escravidão, do fim do império e do início da república brasileira, eventos que transformaram de maneira acelerada o modo de vida no interior do nordeste. De maneira silenciosa ou em grandes explosões, como no caso de Canudos (1896) no interior da Bahia,[1] o povo do nordeste sofria as consequências das mudanças no poder central sem ao menos ter a oportunidade de entender o rumo da prosa. O processo doloroso de unificação nacional e de nascimento de uma pátria chamada Brasil ainda estava em curso e a grande mai-

---

1. Em 1887, Antônio Conselheiro passou pela Paraíba em peregrinação juntamente com grande grupo: "atravessando os Carirys Velhos... em 1887 rodeado de todo o seu prestígio e numeroso bando, no município de Cabaceiras ao pé do Rio Parahyba, arranchado no povoado do Boqueirão [...]". BENICIO, Manoel. *O rei dos jagunços*. Brasília: Senado Federal, 1997.

oria do povo nordestino era forçado a participar deste processo, recebendo em troca uma recompensa muito menor do que o sacrifício que ofertava.

Desde essa época surgem os primeiros retirantes: a população do nordeste foi a primeira a viver uma diáspora em massa no interior do próprio país. Rodolfo Teófilo, médico e romancista nascido em Salvador e radicado no Ceará, descreveu no romance *A Fome*,[2] de 1890, a situação no sertão nordestino:

> A peste e a fome matam mais de 400 por dia! O que te afirmo é que, durante o tempo em que estive parado em uma esquina, vi passar 20 cadáveres: e como seguem para a vala! Faz horror! (...) E as crianças que morrem nos abarracamentos, como são conduzidas! Pela manhã os encarregados de sepultá-las vão recolhendo-as em um grande saco: e, ensacados os cadáveres, é atado aquele sudário de grossa estopa a um pau e conduzido para a sepultura.

A diáspora nordestina criou a imagem do retirante que se transformou desgraçadamente no universal de uma região que, na verdade, é extremamente rica tanto culturalmente quanto como fonte de recursos naturais. Ainda que esses recursos não interessassem ao sistema de mercado para o qual o Brasil aceleradamente avançava no início do século passado, eram suficientemente vastos para sustentar sua população com a aplicação de um mínimo de racionalidade econômica, a começar com a distribuição igualitária das terras mais férteis e produtivas. Diferentemente da *seca*, fenômeno natural próprio da geografia local com o qual é necessário conviver, mitigando seus efeitos, a *fome* desse período nada tem de natural, mas é a consequência necessária dos arranjos econômicos e políticos herdados da colonização e ainda presentes na nascente república brasileira. Essa expressão universal do retirante muitas vezes apaga toda a riqueza de imagens, histórias e personagens próprias do nordeste

---

2. TEÓFILO, Rodolfo. *A fome: cenas da seca do Ceará*. São Paulo: Tordesilhas, 2011.

brasileiro: *na caatinga não tem só mandacaru*.[3] Ainda que a seca e a fome marquem os conflitos e contradições sociais da região, a realidade do nordeste vai ainda muito além em profundidade, riqueza e dimensões.

A jovem Severina foi, em alguma medida, também uma expressão dessa realidade. Destacada pela pele muito branca, de olhos azuis, Severina tinha a atitude rebelde de uma poetisa. Ao invés de se preparar para casar e guardar as tradições conservadoras e religiosas, era vista frequentemente cantando versos populares em frente à Igreja de Santa Maria Madalena, matriz da cidade de Teixeira, com um violão a tiracolo, um verdadeiro escândalo para a época e lugar. O pároco da cidade, Vicente Rodas, era seu parente e buscava a todo tempo encaminhá-la para o reto destino das Filhas de Maria, organização das moças católicas da cidade.

Severina foi uma dos dez filhos de um casamento entre primos legítimos (Luisa e Cecílio). Tanto seu pai quanto sua mãe foram netos do primeiro cantador-repentista brasileiro, o fundador da profissão: Agostinho Nunes da Costa Filho, o Glosador.[4] Dois filhos de Agostinho, tios-avós de Severina, também foram cantadores: Nicandro Ferreiro[5] e Ugulino Nunes da Costa.[6] A fama desses três cantadores já era lendária quando Severina

---

3. Álbum *Em Canto e poesia*, do grupo musical de mesmo nome da região do pajeú, 2014.
4. Agostinho Nunes da Costa Filho (1795-1850), conhecido como Glosador, foi filho de Agostinho Nunes da Costa, o pai, conhecido como Caprichoso, e de Ana Guedes Alcoforado. É o primeiro cantador-repentista que tem seus versos registrados. Nasceu em Teixeira (PB). Ver: RAMALHO, Maria de Lourdes Nunes. *Raízes ibéricas, mouras e judaicas do Nordeste*. João Pessoa, PB: Editora Universitária – UFPB, 2002. E, também: COSTA, Marcos Roberto Nunes; PASSOS, Saulo Estevão da Silva. *Itapetim: ventre imortal da poesia*. 2. ed. Recife, PE: Cepe, 2013.
5. Nicandro Nunes da Costa (1828-1918), também chamado de Nicandro da Cangalha (porque vivia no povoado da Cangalha, atual distrito de São Vicente, em Itapetim (PE), onde está enterrado), e de Nicandro Ferreiro, já que trabalhava também como artesão em ferro.
6. Ugulino Nunes da Costa (1832-1895), poeta e cantador-repentista, viveu desta profissão.

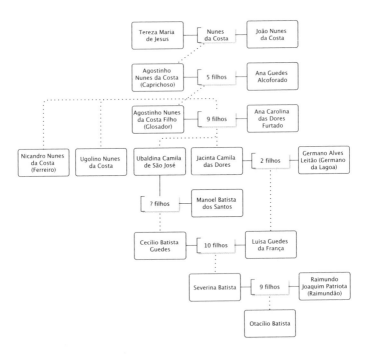

Árvore genealógica de Agostinho Nunes da Costa a Otacílio

era criança, presente nos versos populares e nas cantorias em alpendres, feiras e praças da cidade. Vários outros primos e familiares de Severina também eram conhecidos poetas.

A figura do cantador-repentista, um errante que viajava pelo sertão, a pé ou montado, desbravando fronteiras, informando sobre os novos acontecimentos, relembrando velhas histórias, fazendo verso de improviso e metrificado, povoava os sonhos de Severina. Ser cantador era uma forma diferente de ser retirante ou, talvez, desse um outro sentido à fome e à seca sofrida no sertão, permitindo conhecer outros lugares, explorar e representar outras realidades.

Severina amava a poesia popular e quando jovem estava sempre declamando versos e recuperando as glosas que ouvia nas cantorias. Infelizmente a profissão de repentista, para uma mulher, não era algo aceito na sociedade patriarcal daquele período. Chica Barrosa[7] será uma das primeiras a representar as mulheres na profissão, mas é apenas na metade do século passado que a cantadora Mocinha de Passira[8] vai conseguir alcançar a posição de profissional da viola. Severina resistiu o quanto pôde para contrair casamento e abandonar o sonho de viver para a poesia. Otacílio sempre afirmava o papel materno na construção da memória da cantoria e do gosto poético, tanto dele próprio quanto de seus irmãos cantadores. Nesses oito pés, ele disse:

> Oh mamãe querida,
> tu és minha vida,
> minha doce guarida,
> meu santo presente.
> Teu riso amoroso
> meu pranto acabou,
> se sou o que sou
> devo a ti somente.

Quando Severina tinha 16 anos (1907), o bando cangaceiro de Ludgero saqueou Teixeira, estuprando mulheres da cidade e roubando bens de valor da Igreja e dos comerciantes. A região rural assistiu a um crescimento assustador da violência no início do século, chegando mesmo ao ponto de viver uma espécie de guerra civil a partir da atuação da família Dantas, seu envolvimento com o assassinato de João Pessoa e os desdobramentos do golpe de Estado de 1930. Os bandos cangaceiros cresciam em número e extensão, servindo de maneira alternada aos mandatos

---

7. Nascida na cidade de Pombal (PB) em 10 de julho de 1867, filha de negra e negro alforriados: João Francisco dos Santos e Josefa da Conceição Silva. Ver: MEDEIROS, Irani. *Chica Barrosa: a rainha negra do repente*. João Pessoa, PB: Idéia, 2009.

8. Maria Alexandrina da Silva, Mocinha de Passira, nasceu em 1948 em Passira (PE), cidade próxima a Limoeiro e conhecida como terra dos bordados. É cantadora-repentista desde a infância.

dos coronéis fazendeiros que pagassem mais caro por proteção. Também pipocavam os assassinatos por vingança e as guerras entre famílias. Chico Pereira, um cangaceiro que também era poeta (ou talvez um poeta que também era cangaceiro) descreveu nessas sextilhas a situação:

> Já sei que nosso sertão
> não tem possibilidade
> de acabar cangaceirismo,
> possuir tranquilidade,
> de viver na paz serena,
> desfrutando a liberdade.
>
> É sempre e sempre o que vemos:
> barulho, afronta e questão.
> E grupos de cangaceiros
> por quase todo o sertão,
> compostos de criminosos,
> de assassino e de ladrão.

Em uma região pobre, patriarcal, com forte crescimento da violência, em uma família de dez irmãos, sendo sete mulheres, casar-se era uma das poucas opções que restava. Perto de completar 20 anos de idade, já velha para os padrões do casamento de então, apesar de muito bonita, a atitude rebelde de Severina estava prestes a levá-la para o caritó. É quando aparece em cena o lavrador, natural da cidade de Monteiro (PB), mas morador da vila de Umburanas (atual Itapetim, à época parte do município de São José do Egito), Raimundo Joaquim Patriota, o Raimundão. De grande estatura, Raimundão se apaixona e passa a visitar Teixeira de maneira insistente, pedindo que Severina aceitasse com ele se casar. Prometeu uma vida melhor, uma casa de tijolos para morar, a criação de uma família em segurança. Na Vila de Umburanas, a vida seria mais tranquila que na violenta Teixeira de então.

Não foi sem hesitação que Severina decidiu se casar com Raimundão. O amor por aquele homem grande, trabalhador e responsável pai de família foi crescendo sempre em rivalidade com o amor pela poesia. Morando em Umburanas, Severina e Raimundão tiveram dez filhos: Lourival, Dimas e Otacílio, Bité (Cicílio), a poetisa Otacília, Raimunda, Edite, Iracema, Madalena e Lizete.

A partir do nascimento do sexto filho, as condições de vida, o trabalho doméstico e o abandono dos sonhos cobram um preço caro de Severina. Era 1921 e Severina, então com 30 anos de idade, começa a sofrer de um sério adoecimento mental que vai se agravar com o passar do tempo. O que nos dias de hoje talvez fosse diagnosticado como um evento de depressão, naquela época era considerado como a situação de alguém que "endoideceu". Com tristeza, Severina foi se afastando do cuidado dos filhos, que ficaram ao cargo das meninas mais velhas, especialmente Raimunda e Otacília, à época beirando os dez anos. Passava os dias na casa de uma velha bruxa da cidade, uma mulher com barba e bigode que falava com voz rouca. Provavelmente era o único local onde podia dizer e lembrar de suas poesias sem ser socialmente recriminada. Talvez fosse um lugar de cura.

É nesse contexto difícil que Otacílio vai nascer na mesma vila de Umburanas, em 26 de setembro de 1923, batizado como *Otacílio Guedes Patriota*. Grande como Raimundão, branco e com os olhos de Severina, mesmo não parecendo, Otacílio sempre levou consigo a marca das suas origens.

Um trágico evento doméstico vai contribuir ainda mais para a piora do adoecimento mental de Severina. Enquanto Raimundão trabalhava e Severina visitava a velha, a filha Raimunda, ainda criança, foi tentar com suas pequenas mãos esquentar água para o café no fogão a lenha. A água fervente entornou de maneira acidental em cima de outra filha de Severina, Iracema, à época ainda um bebê de colo. Desesperada, Raimunda ainda tentou levar o bebê para banhar-se na água gelada do Rio Pajeú, mas a criança não resistiu e morreu pouco depois. Voltando para casa, Raimundão caiu em prantos ao ver Iracema morta.

Em 1930 nasce a última filha do casal: Lizete. Com a esposa deprimida, Raimundão ainda não tinha conseguido cumprir a promessa que havia feito antes do casamento de construir uma casa de tijolos para a família. Para completar, a região do Pajeú se tornava ainda mais violenta, especialmente a partir dos conflitos que têm origem na Paraíba e que selam o destino da República Velha no Brasil e a ascensão de Getúlio Vargas ao poder. Mais uma vez o Estado brasileiro sofre uma profunda mudança que afeta os povos do nordeste cobrando uma alta cota de sangue. Roniere Leite Soares[9] descreve assim a situação:

> No início da década de trinta, com a explosão triunfante dos revolucionários armados, o coronelismo sofre um grande golpe político que abalou o mandonismo de forma indelével. Todavia, na Paraíba, o Presidente João Pessoa já fazia uma preliminar perseguição (sem precedentes) aos coronéis desde 1928, na intenção de varrer corajosamente do Estado a injustiça e o banditismo emergente. Foi um estratagema ainda não usado por um presidente do Nordeste antes da Revolução de 1930, pois seria teoricamente uma atitude suicida na medida em que o alvo era justamente o coronel, o qual junto com os seus adeptos havia lhe colocado no poder. Por causa disso foi frequentemente advertido pelo paraibano Epitácio Pessoa, seu tio ex-Presidente da República. A atitude suicida se consagrou na prática, numa indução homicida autodestrutiva.
>
> O mais poderoso Coronel dos quatro cantos do Nordeste, tendo seu reduto em Princesa Izabel (PB), não se deu por satisfeito e conclamando seus asseclas, iniciaram a Guerra de Princesa em 28 de fevereiro de 1930, com a invasão da cidade de Teixeira. O Coronel José Pereira e o povo paraibano tiveram como consequência centenas de mortes que se amontoaram por quase oito meses de Guerra, o assassinato de João Pessoa em 26 de julho de 1930 (em plena guerra), e com a eclosão nacional da Revolução Liberal em 3 de outubro do mesmo ano, Princesa foi derrotada por antecipação, quando já estava totalmente cercada pelas autoridades policiais paraibanas. Não houve intervenção federal como queriam os sertanejos rebelados. A vitória foi do governo liberal da Paraíba.

---

9. SOARES, Roniere Leite. *Resquícios Cangaçais: um resgate memorial dos bandos anônimos*. 2005. 104 f. Dissertação (Mestrado) – Curso de Ciências da Sociedade, Universidade Federal de Campina Grande, Campina Grande, PB, 2005.

Os efeitos que se desenrolaram depois do ano de trinta foram sentidos em todos os Estados do Brasil, especialmente no Nordeste. Na Bahia, a própria polícia militar faz uma varredura no interior que arrecadou um total de 90 toneladas de armas e munição que estavam nas mãos dos coronéis mais influentes. Este saldo tem proporção gigantesca e decorre de uma expedição feita em mais de 900 léguas na zona de Lavras. Comprovou a força de fogo dos Coronéis Franklin Albuquerque e Horácio de Matos, os quais foram presos como cidadãos comuns. Outros chefes de cangaço foram presos, a citar: Marciolínio e Leobas.

No Ceará, foram feitas intensivas buscas domiciliares de armas em Juazeiro, inclusive nas propriedades do Padre Cícero. Ocorreu também a retirada de seu retrato da sede da municipalidade, seu despojamento do poder político e a derrota do seu candidato nas eleições da Assembléia Constituinte de 1933.

Toda essa caótica situação faz Raimundão tomar a drástica decisão de se mudar com a família de malas e bagagens para Recife e tentar mudar de vida na capital do estado. Mesmo analfabeto, Raimundão via na possibilidade dos filhos estudarem e nos novos ares que Severina podia viver na cidade grande uma porta de saída possível para aquela situação de penúria e incerteza.

Arrumar e embarcar os filhos para viajar por quase 350 quilômetros de estrada de terra e encontrar residência em Recife não era uma tarefa simples nem fácil naqueles anos trinta. Ninguém sabe ao certo como isso aconteceu, mas o fato é que a família chega e se instala na capital no período em que Otacílio era uma criança com menos de dez anos de idade.

Raimundão, sempre muito trabalhador, passa a vender cuscuz no centro da cidade, atividade econômica principal para sustentar a família. Os filhos são matriculados em escolas da região central do Recife e incentivados a estudar o máximo que puderem. A poetisa Otacília vai se tornar professora, função que vai exercer em Itapetim. Dimas também desenvolve o amor à erudição e ao estudo, tornando-se depois acadêmico, além de cantador. Mas é o espírito rebelde de Lourival, o mais velho dos filhos homens, quem vai aproveitar ainda mais o ambiente distinto da vida recifense e a possibilidade de contato com um novo mundo.

Juntamente com os irmãos, Lourival foi matriculado no educandário dos pobres, a escola confessional Juvenato Dom Vital, na rua Giriquiti do bairro da Boa Vista, fundada e dirigida pelo Cônego Jerônimo de Assunção. Ali, Lourival terá contato com um novo mundo de cultura que ele teve a oportunidade de unir à sua inata genialidade poética. Muitas vezes, Lourival cabulava as aulas no educandário, passava em frente ao Teatro Santa Izabel e caminhava até o mercado de São José, já próximo ao cais. No mercado encontrava a mesma poesia de repente a que assistia nas fazendas do sertão do Pajeú, via e se admirava com diferentes cantadores dos quais falava sua mãe, alguns residentes em Recife e outros de passagem pela cidade.

Uma vez, viu um cantador improvisando no Mercado. Quando o cantador parou de versar para beber cana, Lourival, um adolescente ainda na puberdade, se aproximou com um tom desafiador e sua inconfundível voz metalizada, dizendo:

— Isso eu também faço.

O cantador aceitou o desafio e ouviu Lourival responder em baião sem deixar a dever a nenhum repentista. Acabado o desafio, o cego perguntou o nome do seu desafiante que respondeu ressaltando o sobrenome de sua mãe, Severina: *Lourival Batista*. Ele, que já vinha fazendo atuações como cantador desde os 15 anos na vila de Umburanas, tornou-se a partir dali o primeiro dos três irmãos cantadores, o rei do trocadilho, o Louro do Pajeú. Essa sextilha é uma das composições de Lourival neste período:

> O poeta é um canário,
> a poesia, o alpiste.
> A lira, água potável
> matando a sede que existe.
> Porém, faltando os dois,
> o pássaro definha triste.

Com os filhos mais velhos atingindo a maioridade e buscando cada um seu destino, a permanência de Raimundão e Severina no

Recife vai perdendo a razão. A cidade grande tampouco fez bem para a saúde de Severina, que passou a sofrer também de saudade do sertão. O próprio centro das convulsões sociais do nordeste tinha migrado do interior para a capital, e o Recife se tornava um lugar mais perigoso. Em 1935, a Insurreição Comunista que desembocou na comuna de Natal gerou forte agitação nas forças armadas de Pernambuco, que passaram a ser ainda mais violentas.

A família decide então retornar para a cidade atualmente chamada de Itapetim (naquele momento chamada de São Pedro das Lages).[10] Também, com o dinheiro guardado no negócio do cuscuz, agora havia alguma reserva para construir a casa de tijolos que Raimundão havia prometido. Sem mais recursos, Raimundão constrói a casa de tijolo cru, com suas próprias mãos.

Otacílio retorna com a família do Recife sem concluir ainda o ensino fundamental, mas já sabendo ler e escrever. Até o fim da vida esse é o máximo de educação formal que vai receber, aprendendo todo o resto através da leitura individual. Lourival cai no mundo da profissão de repentista, viajando a pé de cidade em cidade, especialmente por toda a região do Pajeú. Dimas logo segue os passos do irmão, e a fama dos cantadores Batista vai se alastrando.

Em 1940, contando então com 16 anos de idade, Otacílio resolve seguir os passos dos irmãos mais velhos, assumir o desejo de sua mãe e se tornar repentista. Nessa época, os ecos dos acontecimentos da segunda guerra mundial ainda chegavam distantes ao sertão do Pajeú. A festa de aniversário de Lourival, o 6 de janeiro tradicional no sertão, o Dia de Reis, transformou-

---

10. O primeiro nome de Itapetim foi Umburanas. Quarenta e três anos depois do início do povoamento, chamou-se São Pedro das Lages, pelo Decreto 92 de 31 de março de 1928. Passada uma década, pela Lei 235 de 9 de dezembro de 1938, já na categoria de Vila, foi nomeada Itapetininga, permanecendo apenas a paróquia com o nome inicial. Em 31 de dezembro de 1943, pelo Decreto-Lei 952, foi novamente alterado o nome devido à existência de uma cidade homônima do interior de São Paulo. A partir desta data, o município passou definitivamente ao nome atual, pela Lei 1.818 de 29 de dezembro de 1953, Itapetim torna-se município, ficando desmembrado de São José do Egito. *Fonte: Prefeitura da cidade de Itapetim.*

se em uma banca avaliadora da capacidade poética de Otacílio. Era uma noite muito movimentada em São José do Egito, e sua primeira dupla foi com cantador negro Zé Vicente da Paraíba.[11]

> No começo de 40,
> no dia 6 de janeiro,
> fiz o repente primeiro
> de anos já faz cinquenta.
> Que a viola me sustenta,
> Deus é mais do que patrão,
> jogou no meu coração
> do céu a bendita esmola.
> Meio século de viola
> não é brincadeira não.

Nessa banca avaliadora, Antonio Marinho,[12] a Águia do Sertão, grande Vate repentista, um dos mais velhos da época, foi o juiz principal. Dimas e Louro conformaram o restante da comissão julgadora. Juntamente com Dimas e Jó Patriota, Otacílio fará parte de uma geração de repentistas que vai conectar a geração mais antiga (Antonio Marinho, Louro, Belarmino de França, Pinto do Monteiro, Domingues da Fonseca e outros) com uma enorme quantidade de cantadores que surgirá com a ascensão do rádio, a partir do início da década de 1950. Meses depois de reconhecer as qualidades e dar a Otacílio o título de cantador repentista, Antonio Marinho faleceu.

11. Natural de Pocinhos (PB), Zé Vicente (1922-2008) começou a tocar viola na adolescência, incentivado pelo pai, que o levava para assistir às cantorias de violeiros nas fazendas próximas a sua casa. Tornou-se profissional nos anos de 1940, tocando ao lado dos Irmãos Batista e Pinto de Monteiro. Em 1955, gravou o primeiro LP de cantoria, o primeiro do gênero no Brasil. Na década de 1970 seus versos foram gravados por grandes artistas da MPB (Zé Ramalho, Alceu Valença, Marília Pêra e Ruy Maurity).
12. Poeta popular, repentista, Antônio Marinho do Nascimento nasceu a 5 de abril de 1887, no município de São José do Egito, sertão de Pernambuco, e morreu na mesma cidade, a 29 de setembro de 1940. Permaneceu praticamente toda a vida com residência fixa em sua terra natal, mas viajou pelo Nordeste inteiro fazendo cantorias.

Capítulo 3

Os três irmãos cantadores... e uma poetisa

A EXISTÊNCIA DE IRMÃOS CANTADORES não é nenhuma surpresa no universo da cantoria. O repente não é algo que se aprende na escola e quase sempre a formação do cantador é o resultado de uma prática familiar que envolve mães, pais e irmãos, admiradores da cantoria. Isso leva as crianças a tomarem gosto pela poesia, sendo o passo inicial que pode encaminhar a formação de um cantador. São muitos os exemplos de pais, filhos e irmãos cantadores nesse meio.

Talvez o que diferencie a trindade de Lourival, Dimas e Otacílio Batista seja muito mais como as suas diferenças, tanto de suas trajetórias quanto de suas poéticas, se complementam e se contrastam na formação do imaginário dos três irmãos cantadores. Por ser o caçula da trindade, Otacílio teve sua atuação fortemente influenciada pelo fazer e as escolhas de seus irmãos, de maneira que entender sua obra poética passa, necessariamente, por entender também a contribuição de Louro e Dimas para esta formação.

Nas palavras de Otacílio, Lourival foi o chefe da trindade. Era o mais repentista, o mais satírico, o mais veloz no repente, sem gaguejar, sem titubear e com uma inspiração poética que deixava todos os que viram seu versejar impactados. Foi o maior repentista de todos os tempos, era o que Otacílio sempre dizia, e por isso é muito difícil falar sobre ele em poucas palavras. Otacílio disse:

Lourival tinha nas veias
o sangue da poesia,
cantava a noite e o dia
nas primitivas aldeias.
Só não herdou das sereias
o sonoroso piano,
mas Deus fez do velho mano
o mais poeta dos três.
Superava de uma vez
velhas lendas do oceano

Grande parte da formação em repente que Otacílio recebeu como calouro na profissão aconteceu tomando pisa em baião de Lourival. É o próprio Otacílio quem relata. Em uma cantoria, desafiando em sextilha, Otacílio versou em autoelogio:

Sou o gigante dos versos,
o cantador ideal.
No campo da poesia,
a minha fama é geral
Não tenho medo de Dimas,
quanto mais de Lourival.

A resposta de Lourival foi típica de um irmão mais velho colocando o caçula no seu lugar:

Mas inda sou general
dos quartéis da resistência.
Você, um soldado raso,
sem luz e sem consciência,
que quando me vê se esconde
pra não bater continência.

Otacílio, que andava sempre bem vestido, com um terno de linho branco e uma viola nova, e já naquela época buscava combater através da postura e da vestimenta o preconceito que existia contra o cantador-repentista, tentou reverter a situação criticando a pobre viola que Lourival carregava:

> Seu repente tem essência,
> é feito sem embaraço.
> Mas sua viola é tão feia
> que mais parece um cabaço.
> Mais bonita do que ela,
> eu tenho visto em palhaço.

Lourival nunca se preocupou com a própria aparência. Sua atitude de gênio era acompanhada de uma total humildade no vestir. Foi com essa marca que ele cravou a resposta:

> Mais feia que a dum palhaço,
> mas o dono é inteligente.
> A sua é muito enfeitada,
> mas é fraco seu repente.
> Não é coleira bonita
> que faz cachorro valente.

Quando o desafio mudou para mourão,[1] Lourival puxou o tema do conhecimento, resgatando fatos da história. O mourão começa com um cantador formulando dois versos de sete sílabas, sem rima entre si, mas deixando no segundo verso a deixa da rima que vai dominar o mourão, no caso, a palavra "Lutero":

> Dou Lutero em Catarina,
> Dou Catarina em Lutero.

---

1. No capítulo 4 apresentamos uma explicação dos principais gêneros da poesia de repente.

Também tentando demonstrar conhecimento, Otacílio quis mudar o tema para a matemática. No mourão, a resposta do cantador deve ter dois versos na mesma métrica que os primeiros, mas rimando o quarto verso com o segundo, no caso, em "-ero".

Eu dou o zero na cifra,
e dou a cifra no zero.

A mente ligeira de Lourival logo notou que cifra é um sinal representado pelo algarismo zero. Logo, os dois são redondos. No desfecho do mourão, que é o mais difícil, pois são três versos, com os dois primeiros rimando entre si e o terceiro permanecendo na rima da deixa inicial, Lourival denunciou a ingenuidade do irmão, ao mesmo tempo em que demonstrou seu senso satírico e irônico único:

Com essa, agora eu me escondo.
Você só fala em redondo,
e sendo redondo, eu não quero.

Lourival cantava repente com uma voz metalizada toda particular, às vezes rouca, sem se preocupar de nenhuma maneira em dar musicalidade à cantoria ou tornar seu verso acessível para quem não conhecesse dessa arte. No vocabulário da moda, era um cantador raiz. A viola quase não era utilizada, marcando quando muito o tempo dos versos. Apesar de ser apenas oito anos mais velho que Otacílio e seis do que Dimas, a distância real entre esses cantadores era de uma geração inteira. Lourival pertenceu à geração dos Vates antigos: cantava, se portava e pensava como os cantadores que fizeram fama no fim do século XIX.

Alguém que não conhecesse da poesia de repente podia achar esquisito dois cantadores falando um após o outro, cada um segurando uma viola da qual não saía uma música, sem primeira nem segunda voz, muito menos harmonia. Mas quem entendia que se tratava de uma poesia feita de improviso, metrificada, rimada e com coerência na oração, logo verificava que estava na presença de um poeta genial. A capacidade de Lourival para fazer a leitura de uma cena e descrevê-la em uma poesia de repente era impressionante. Cantando uma vez com Jó Patriota, este poeta observou um motorista encostado na porta do carro, assistindo à cantoria do lado de fora. Em uma sextilha, Jó convidou o motorista para adentrar ao local, os dois últimos versos foram:

Chamo aquele motorista
que está com o braço na porta.

Lourival continuou o convite com a sextilha:

Está com o braço na porta,
e a mão pegada no trinco.
Vejo, na placa do carro,
vinte e quatro, oitenta e cinco.
No jogo do bicho, é tigre,
sendo com onça eu não brinco.

Essa capacidade de improviso não se resumia a descrever uma cena, mas atingia mesmo reflexões filosóficas profundas. É muito conhecido o mote para uma décima proposto em uma cantoria em Campina Grande por Raimundo Asfora, advogado cearense, de origem libanesa, político que fez carreira na Paraíba e foi um grande apologista do repente: *não tive amores, sonhei-os/ mas possuí-los, não pude*. Mote difícil pela rima final (*-eios* e *-ude*) mas também pelo tema da oração: o amor platônico. De pronto, Lourival disse:

> Na vida provei abalos
> e desesperos medonhos.
> Sonhos, sonhos e mais sonhos,
> sem nunca realizá-los.
> Na fronte, inda trago os halos
> das auras da juventude.
> Porém, não tive a virtude
> de dormir entre dois seios.
> *Não tive amores, sonhei-os,*
> *mas possuí-los, não pude.*

Mas o que fazia de Lourival um cantador até hoje inigualável era sua capacidade de escancionar as palavras, separando e de novo juntando sílabas para formar os versos do repente. Só pode ter a verdadeira noção da complexidade dessa construção poética quem assistiu a essa enunciação ao vivo. A transcrição escrita dá apenas uma pista da estrutura única do pensar desse Vate. Uma vez, cantando na cidade de Cubati, no seridó oriental paraibano, Lourival ficou irritado com a pouca quantidade de dinheiro colocado na bandeja pelos assistentes para pagar aos cantadores. Em uma sextilha, ele protestou:

> Pense num nome bem dado
> esse tal de Cubati.
> Tira o 'b' e tira o 'a',
> tira o 't' e tira o 'i',
> o que sobre desse nome
> é o comércio daqui.

São muitas as testemunhas que guardaram na memória versos desse tipo de Lourival. Essa habilidade lhe rendeu o título de "Rei dos Trocadilhos". Sua capacidade de alterar o significante das palavras, forçando e alterando os limites de seu significado, é de fazer inveja a qualquer Jacques Lacan.[2] Em dez pés, Lourival disse:

---

2. Psiquiatra e psicanalista francês, desenvolveu a teoria de Sigmund Freud a partir de uma nova perspectiva entre o inconsciente e a linguagem.

> É muito triste ser pobre.
> Para mim, é um mal perene.
> Trocando o 'p' pelo 'n',
> é muito alegre ser nobre.
> Sendo pelo 'c', é cobre.
> Cobre, figurado, é ouro.
> Botando o 't', fica touro.
> Como a carne e vendo a pele.
> O 't', sem o traço, é 'l'.
> Termino só sendo 'Louro'.

Lourival construiu sua carreira com um cantador vinte anos mais velho que ele, um legítimo representante da lendária geração de Vates da região do Pajeú: Severino Lourenço da Silva Pinto (1895-1990), conhecido como Pinto do Monteiro, por ser natural desta cidade paraibana, distante 70 quilômetros da cidade de São José do Egito. As incontáveis cantorias feitas por Lourival e Pinto, viajando a pé por grande parte do nordeste brasileiro e mesmo em viagens para o Sudeste, fizeram de Pinto uma presença fundamental na história da trindade dos Batistas e na própria formação poética de Otacílio. No arquivo pessoal de Otacílio estão vários cadernos escritos à mão com memórias sobre versos e causos de Pinto do Monteiro.

No fim da década de 1940, Adhemar de Barros governava o estado de São Paulo, eleito pelo Partido Social Progressista — PSP em aliança com o recém-legalizado Partido Comunista do Brasil — PCB. Com a repercussão dos congressos de cantadores, e de passagem por São Paulo, os três irmãos Batista e também Pinto do Monteiro foram convidados para se apresentar ao governador que queria conhecer ao vivo o que os repentistas eram mesmo capazes de fazer. Dimas vestia um paletó branco muito alinhado, Otacílio e Pinto um paletó cinza cada um. Não era possível identificar qual era a cor do paletó de Lourival, que não se preocupava muito em manter aparências. Adhemar de Barros se assustou quando as quatro figuras nordestinas adentraram o Palácio dos Campos Elíseos, na Avenida Rio Branco da capital paulista, e perguntou em tom de brincadeira:

— O que esses ladrões vieram fazer aqui?

— Viemos procurar o chefe, Pinto respondeu de imediato.

A partir daí coube a Otacílio fazer sextilhas tecendo loas à família de Adhemar para desanuviar o clima.

Pinto uma vez cantava com Lourival e Otacílio ao mesmo tempo. A cantoria entre três cantadores versando em diálogo entre si não era frequente, mas ainda ocorria no início do século passado. Otacílio iniciou dando a deixa em dois versos:

> Pinto entre dois Batistas
> vai se ver aperreado

Louro continuou fazendo coro com o irmão:

> Aperte de lá pra cá,
> que daqui vai apertado

Pinto, sentado entre Otacílio e Louro, arrematou desafiando de um só vez o argumento dos dois:

> Pode apertar que eu resisto,
> que eu tô igualmente a Cristo,
> com um ladrão de cada lado.

A cantoria entre Pinto e Lourival expressava sempre o melhor de cada um desses cantadores. Era o que se pode chamar de uma parceria perfeita: com estilos, vozes e posturas semelhantes, a dupla realizava todo o potencial clássico da poesia de repente. Um curta-metragem chamado *A Cantoria*, dirigido pelo cineasta baiano Geraldo Sarno e com montagem de Eduardo Escorel, é o registro histórico em áudio e vídeo mais fiel de um legítimo pé-de-parede daquele tempo. Neste filme, Lourival e Pinto cantam um dez pés ao quadrão, estilo em dez no qual cada cantador diz um verso, terminando o conjunto na rima em *-ão* ("lá vão dez pés ao quadrão"), com sete sílabas poéticas em cada verso:

> PINTO Quem pra isto não nasceu
> LOURO Não pode cantar repente
> PINTO Não sendo bem consciente
> LOURO Não tem pensamento seu
> PINTO também não imita o meu
> LOURO e nem nasceu no sertão
> PINTO Não trouxe essa inspiração
> LOURO que vem da parte divina
> PINTO tem vontade e não combina
> AMBOS e lá vão dez pés ao quadrão.

Lourival é o único dos três irmãos que fixa residência em São José do Egito e permanece no estado de Pernambuco até o fim da sua vida. Louro é conhecido na cidade pelo seu total desapego aos bens materiais, levando uma vida tranquila, completamente voltada para a poesia, escarnecendo dos hipócritas e ostentadores. Lourival está para São José do Egito como Diógenes de Sinope[3] está para a cidade de Atenas. No bolso de sua camisa levava uma coxinha de galinha para comer mais tarde, com um trago de cachaça. Sempre carregava consigo uma bengala cinzenta, cascuda como um tatu, como Otacílio dizia. Os loucos e mendigos da cidade frequentemente almoçavam em sua casa, na rua Domingos Siqueira, onde hoje está sediado o Instituto Lourival Batista. Uma vez o cantor Alceu Valença levou

---

3. Diógenes de Sinope foi exilado de sua cidade natal e se mudou para Atenas, onde teria se tornado um discípulo de Antístenes, antigo pupilo de Sócrates, mestre da corrente filosófica conhecida como cínica. Tornou-se um mendigo que habitava as ruas de Atenas, fazendo da pobreza extrema uma virtude; diz-se que teria vivido num grande barril, no lugar de uma casa, e perambulava pelas ruas carregando uma lamparina, durante o dia, alegando estar procurando por um homem honesto.

rebocado em um caminhão um automóvel de presente a Lourival, pela data de seu aniversário. O dia 6 de janeiro sempre foi uma festa tradicional na cidade, mas tornou-se ainda mais importante com a coincidência do aniversário de Louro. Lourival pediu que Alceu levasse o carro de volta, que ali em São José não teria utilidade. Não podia ir sozinho à padaria comprar o pão para a família, porque era frequente que distribuísse às pessoas necessitadas na rua, chegando sem nenhum em casa. Às vezes, Otacílio o convidava para João Pessoa, com o objetivo de realizar cantorias patrocinadas que pagassem um cachê para levantar o orçamento familiar. Lourival chegava com a roupa toda suja, em razão do longo tempo de viagem. Otacílio dizia:

— Rosina, arrume uma roupa minha aqui para Lourival, que ele não pode se apresentar no teatro desse jeito.

As roupas de Otacílio, muito maiores para Lourival, ficavam largas. Chegando no Teatro Santa Rosa, era preciso esperar para começar a apresentação. Enquanto esperava, Lourival escapava com José Patriota, filho de Otacílio que dirigia o automóvel do pai nas cantorias, e ia tomar cachaça com galinha cabidela de tira-gosto no botequim mais próximo. Limpava o molho da galinha na boca com as mangas da camisa de Otacílio e na hora da apresentação já estava todo sujo de novo.

Em uma cantoria no palácio do governo de Pernambuco, foi oferecido um bufê aos cantadores que podiam se servir à vontade. Pela janela, Lourival viu moradores de rua que pediam comida próximo ao local do evento. Logo se viu Lourival enchendo os bolsos de comida no bufê, atravessando a rua e colocando a comida na tigela dos que pediam:

— A gente não pode ficar lá dentro comendo à vontade enquanto esse povo passa fome aqui na rua, ele disse.

Foi o casamento com Helena Marinho que deu a estabilidade para Lourival viver da cantoria morando em São José do Egito. Helena era filha do cantador Antônio Marinho, e a união dos dois foi também a união de duas grandes famílias de cantadores: os Marinho e os Batista Patriota. Helena foi dona de cartório e era ela quem administrava a vida econômica e familiar, colocando tudo em ordem. É sua filha, Marilena, quem afirma: "era mamãe quem nos repreendia, ela era a razão; e papai, a poesia".

Em uma cantoria com Pinto, este terminou uma sextilha com esses versos:

> A mulher do cantador
> padece de fazer pena.

Lourival respondeu:

> Eu me casei com Helena
> filha de um colega teu
> e uma oitava de filhos
> lá em casa apareceu.
> São dez, noves fora um
> quem anda fora sou eu.

Mesmo pertencendo a uma geração mais antiga, em luta contra modernidades que considerava estragar a profissão de cantador, Lourival jamais assumiu uma postura reacionária no que diz respeito aos costumes, posições políticas e na criação de seus oito filhos. Sua casa foi sempre um espaço de liberdade, de propagação da cultura, de festas, e de estímulo aos filhos e netos pelo desenvolvimento e valorização do dom artístico, da poesia e da música. Quando completava sete anos de idade, sua filha Marilena escreveu uma carta pedindo como presente de aniversário uma bateria de cozinha, brinquedo da moda na época. Lourival, que estava distante de casa realizando cantorias, respondeu à carta com uma décima:

> Pediste uma bateria,
> por enquanto, não te mando.
> Mandar-te-ei não sei quando,
> Deus é quem sabe o dia.
> Se eu pudesse, estaria

com tua mãe, tu e teus manos.
Que prazeres soberanos
junto a vocês sentiria.
Com ou sem bateria,
palmas para os teus anos.

O poeta e compositor José Antônio do Nascimento Filho, conhecido Zeto do Pajeú, nascido em Canhotinho (PE), apaixonou-se pela filha de Lourival, a cantora Bia Marinho, e veio para São José do Egito para viver com ela. Como manda a tradição, foi até a casa de Lourival, com seu cabelo longo, calça boca de sino e todo figurino rebelde da juventude naquele período final da ditadura, reuniu a família e pediu a mão de Bia em casamento. Quando Zeto foi embora, um vizinho de Lourival o procurou e disse:

— Mas Louro, você vai permitir que sua filha se case com esse homem? Ele fuma maconha!

Lourival respondeu:

— Meu amigo, nessa vida todo homem tem seu vício. O seu mesmo é falar da vida alheia.

A década de 1970 foi difícil para o fazer poético de Lourival. Sua antiga geração ficou em segundo plano em relação a uma nova geração com uma grande quantidade de cantadores que surgiu a partir da propagação do rádio em quase todas as casas do nordeste. A avançada idade já não permitia mais a Lourival as longas viagens para realizar cantorias. Louro se negava a cantar balaios decorados até para gravar discos e realizar participações em programas de rádio, ou mesmo a estudar trabalhos para a participação nos festivais. Negava-se também a qualquer mudança no seu estilo de voz, que muitas vezes ficava inaudível nos instrumentos de gravação. Lourival foi resistente, inclusive, a participar do movimento capitaneado por Otacílio que propunha que os repentistas fizessem suas cantorias a partir do pagamento de um cachê, e não tendo como remuneração única a bandeja de doação que circulava entre os ouvintes. Ele tinha uma visão rígida da ética da cantoria, que não admitia nenhum tipo de mudança ou atualização.

Quando o ex-juiz e ex-promotor da justiça militar Eraldo Gueiros Leite foi governador biônico de Pernambuco houve um clamor para que o poder público interviesse em favor de Pinto do Monteiro, que à época estava em difícil situação residindo em Sertânia (PE). O governador, indicado pelo ditador Garrastazu Médici, herdeiro de uma família de latifundiários da região de Canhotinho (PE), cidade que também tem uma forte tradição de poesia, resolveu então promover um ato público instituindo uma pensão de dois salários mínimos regionais para Pinto, pelos serviços prestados à cultura popular. Lourival foi um dos oradores do ato, declamando uma décima com o mote *aposentei-me em poesia/ concluí minha jornada:*

>Medito só, e suspiro
>pelos velhos cantadores,
>guerreiros, batalhadores,
>que nunca perderam um tiro.
>Hoje, o que mais admiro,
>vendo esta rapaziada,
>com arma nova e zelada,
>sem acertar pontaria.
>*Aposentei-me em poesia,*
>*concluí minha jornada.*
>
>Quem vai ouvir, não desfruta.
>Tem memória, falta dote.
>E eu fico, de camarote,
>vendo que o atraso luta.
>Maestro deixa a batuta
>de uma banda abandonada.
>Fica escutando zoada,
>sem certeza e melodia.
>*Aposentei-me em poesia,*
>*concluí minha jornada.*

Cantador, pra mim, só é
se nasceu pra versejar.
Como Chudu de Pilar,
Marinho de São José,
Patativa do Assaré,
Silvino da Imaculada,
um Belinguim de Queimada,
João Preto da Serraria.
Aposentei-me em poesia,
concluí minha jornada.

Senti morrer Canhotinho,
grande como Zé Filó,
sentimental como Jó,
gladiador como Sobrinho.
Cantou nas cordas do pinho
a inocência ultrajada,
remorso à alma manchada,
ao som da Ave-Maria.
Aposentei-me em poesia,
concluí minha jornada.

Que pensamentos bizarros
do cantador pioneiro,
Bernardino, João Ribeiro,
Manoel Raimundo de Barros.
Versos, flores, crânios, jarros,
cabeça e horta orvalhada.
Hoje, a arte é deturpada,
criando quem nada cria.
Aposentei-me em poesia,
concluí minha jornada.

Em toda rádio, um programa
sem surpresa de improviso.

Recado, lembrança, aviso,
só evitam telegrama.
Cantador faz trato e chama
a gente que lhe agrada.
Manda abraço pra cunhada,
pai, irmão, avó e tia.
Aposentei-me em poesia,
concluí minha jornada.

Dois programas em Carpina,
e três em Caruaru.
Dois na rádio Pajeú,
e seis em chã de Campina.
Dez na terra alencarina,
já estão fazendo salada.
Mossoró só tem zoada,
Limoeiro uma agonia.
Aposentei-me em poesia,
concluí minha jornada.

Ao fim do discurso, o governador declarou:
— Lourival, seu poema traduziu a verdade. Você também será aposentado.

Residindo até o fim da vida em São José do Egito, Lourival faleceu em 5 de dezembro de 1992, então com 77 anos. Três anos depois, Otacílio publicou o livro *Os três irmãos cantadores: Lourival, Dimas e Otacílio,* resgatando a poética de seus irmãos.

Dimas Batista seguiu um rumo muito diferente de Lourival em sua trajetória poética. Foi um dos cantadores que melhor se adaptou à rápida urbanização que ocorreu no Brasil a partir da década de 1950. Foi também quem melhor soube transitar entre os elementos da cultura oral e da cultura escrita, tornando-se um respeitado acadêmico e professor universitário. Ao longo da vida, concluiu quatro graduações, formando-se em direito, letras, pedagogia e história. Falava ainda três idiomas. Essa transição do ambiente rural para a cidade, do sertão para o litoral, foi traduzida por ele próprio nesse galope à beira-mar:

> Eu sempre que via tão bem no sertão
> caboclo vaqueiro de grande bravura,
> num simples cavalo e na mata mais dura
> com traje de couro a pegar borbotão.
> Dizia abismado com bela impressão:
> não há quem o possa em bravura igualar.
> Mas depois que vi o praiano pescar,
> em frágil jangada ou barco veleiro,
> achei-o tão bravo tal qual o vaqueiro:
> merece uma estátua na beira do mar!

Dimas começou a cantar com Lourival ainda mais novo que Otacílio, aos 15 anos de idade, em 1936, já com a família de volta a Umburanas (Itapetim). Ele tinha uma relação muito sentimental com a poesia de repente. Segundo Otacílio, Dimas afirmava que a cantoria era uma uma necessidade que a vida impunha, era seu único meio de externar os sentimentos. Cantando, Dimas sentia que podia desabafar suas emoções e, talvez, consolar mágoas alheias. Otacílio disse:

> Era Dimas, da trindade,
> o mais culto dos irmãos.
> Um dos famosos cristãos,
> poeta da humanidade.

Professor de faculdade,
cantador, bom sonetista.
Esse grande repentista
não fazia um verso errado.
Eis o retrato falado
Do mano Dimas Batista.

 Isso não o impedia, no entanto, de assumir uma postura bastante prática em relação aos desafios e a necessidade de sobreviver às adversidades impostas pela vida no sertão. No início da década de 1940, sua atividade de repentista sofreu uma interrupção. Dimas foi convocado pelo exército para cumprir treinamento militar e fazer parte da Força Expedicionária Brasileira que estava sendo preparada para ocupar o território italiano. Como intelectual e artista, Dimas ficou desesperado com a possibilidade de ir à guerra, antevendo uma morte certa. Como último recurso, decepou ele mesmo o dedo indicador e o médio da sua mão direita, tornando inviável dessa maneira que praticasse o tiro. Foi obrigado a tocar viola o restante da vida apenas com os três outros dedos. Otacílio fez parte do mesmo treinamento militar que Dimas e, quando estava prestes a embarcar no navio para a Itália, Hitler foi derrotado e a guerra mundial teve fim.
 O ano de 1947 vai promover uma profunda mudança na vida de Dimas, e logo também na de Otacílio, a partir da relação com um personagem fundamental da cultura poética do Pajeú e, se formos considerar adequadamente, um dos maiores poetas da literatura brasileira: Rogaciano Bezerra Leite.[4]
 Rogaciano é contemporâneo e conterrâneo de Dimas e Otacílio, iniciando sua atividade como repentista com a mesma idade que Dimas. O sítio Cacimba Nova, onde Rogaciano nasceu, fica

---

4. Rogaciano Bezerra Leite (1920–1969) foi poeta e jornalista. Filho dos agricultores Manoel Francisco Bezerra e de Maria Rita Serqueira Leite, Rogaciano Leite nasceu no dia 1 de julho de 1920 no Sítio Cacimba Nova, município de Itapetim (PE). Iniciou a carreira de cantador aos 15 anos de idade, quando desafiou, na cidade paraibana de Patos, o cantador Amaro Bernadino.

na mesma cidade de Itapetim. A genialidade poética, a capacidade de abstração, as figuras de linguagem e a profundidade dos versos de Rogaciano impressionavam a todos que o conheciam. No seu livro *Carne e Alma*, publicado em 1950 no Rio de Janeiro com prefácio de Câmara Cascudo, ele registrou esse poema:

> Senhores críticos, basta!
> Deixai-me passar sem pêjo,
> que o trovador sertanejo
> vai seu "pinho" dedilhar...
> Eu sou da terra onde as almas
> são todas de cantadores:
> — Sou de Pajeú das Flores —
> Tenho razão de cantar!
> Não sou Manoel Bandeira,
> Drumond, nem Jorge de Lima;
> não espereis obra-prima
> deste matuto plebeu!...
> Eles cantam suas praias,
> palácios de porcelana,
> eu canto a roça, a cabana,
> canto o sertão... que ele é meu!

Esse poeta tremendo causou uma grande impressão em um dos fundadores da corrente literária modernista no Brasil quando o conheceu no Rio Grande do Norte, o recifense Manuel Bandeira. A amizade com Manuel Bandeira abriu as portas a Rogaciano para uma série de contatos no mundo artístico e, com pouco mais de 20 anos de idade, ele já apresentava um programa de rádio na cidade de Caruaru. Rogaciano, sempre muito intenso em tudo que fazia, apaixonou-se de maneira arrebatadora pela cearense de Aracati, Maria José Ramos Cavalcanti, mudou-se de malas e bagagens para Fortaleza e assumiu o ofício de repórter jornalístico para viver esse novo amor. Ele se torna assim a ligação entre dois territórios intensamente poéticos, locais onde se respira poesia até os dias de hoje: o Vale do Jaguaribe, no Ceará, e o Vale do Pajeú, em Pernambuco.

Em Fortaleza, Rogaciano realiza o primeiro congresso de cantadores do nordeste no dia 31 de maio de 1947, no nobre teatro José de Alencar. Através de Rogaciano, a poesia de repente começava a sair dos sítios e sertões e adentrar as capitais e palácios. Dimas concorreu neste festival e Otacílio foi o grande vencedor, formando dupla com o cantador Cego Aderaldo, muito amigo de Rogaciano. Sobre Rogaciano, Dimas disse:

> Andarilho incansável sempre forte,
> entregou-se às paixões das coisas belas.
> Fez da pena, um pincel, transpondo em telas
> o esplendor tropical do extremo norte.
> Se em problemas de amor não teve sorte,
> dominava as platéias como artista.
> Mas, no auge das glosas que conquista,
> tomba ao golpe fatal de um desengano:
> mestre imortal, Rogaciano,
> foi poeta, escritor e jornalista.

É em Fortaleza que Dimas conhece Judite Gadelha, sua futura esposa. Filha da tradicional família Gadelha, Judite era de Limoeiro do Norte, cidade que, assim como a região do Jaguaribe, vinha se destacando em desenvolvimento econômico com o sucesso do ciclo da carne do Ceará. Era o movimentado cruzamento da estrada geral do Jaguaribe, na qual passavam as boiadas do sul cearense e do Rio Grande do Norte para Aracati, com produtos para as fazendas de boi. Também era local de produção de cera de carnaúba e algodão. Com mais dinheiro circulando, a cidade que está a 200 quilômetros de Fortaleza e 120 quilômetros de Mossoró (RN) viveu o aumento do capital que circulava no comércio acompanhado de uma maior vida cultural, rádios, jornais e instituições de educação. Casado com Judite, Dimas fixa residência em Tabuleiro do Norte, então distrito de Limoeiro do Norte, mas leva uma vida com muito mais características urbanas do que seus irmãos, sempre presente em Fortaleza e em relação com as universidades. Isso se reflete, inclusive, na quantidade de filhas que teve: duas, sendo uma adotada. Em uma cantoria, Dimas disse:

> Eu procurei nos estudos
> desbravar vasta vertente.
> Vislumbrei mil horizontes
> com o saber reluzente.
> Por alguns fui criticado,
> mas não deixei desprezado
> a luz do dom do repente!

Ao se casar, Dimas decide inicialmente abandonar a vida de cantador errante e se dedicar à vida acadêmica e de professor. Mas logo sente vontade de atuar novamente como repentista, às vezes motivado pelo que ele, da mesma forma que Lourival e Otacílio, considerava uma deturpação da profissão que estava em curso. Em um galope à beira mar ele disse:

> Eu acho engraçado um poeta da praça
> que passa dois meses fazendo um quarteto.
> Com um ano de luta é que finda um soneto,
> depois que termina, ainda sem graça.
> com tinta e papel, o esboço ele traça,
> contando nos dedos pra metrificar.
> Que noites de sono ele perde a pensar,
> a fim de mostrar tão minguado produto.
> Pois desses eu faço dois, três, num minuto,
> cantando galope na beira do mar.

Voltando à atividade de cantador, Dimas precisou colocar novamente à prova sua capacidade de repentista, participando de desafios que demonstrassem que ele não havia abandonado a profissão, como se dizia na época. Seu principal antagonista foi o poeta repentista natural de Luís Gomes (RN), mas residente em Tabuleiro do Norte (CE), Hercílio Pinheiro. O advogado Honório de Medeiros é quem diz:

> hospedei Hercílio e Dimas Batista em Mossoró (…). A grande teima naqueles anos era qual dos dois cantadores era o melhor: Hercílio ou Dimas. (…). Houve um desafio célebre, na década de cinquenta, entre os dois, um desafio real, não desses de hoje, onde tudo é combinado, que começou de tarde, varou a noite e ganhou a madrugada e somente parou porque o juiz de Tabuleiro do Norte deu por encerrada a peleja, dando-a como empatada.

Com Dimas vivendo no Vale do Jaguaribe, a região começa a ser um local muito visitado por Otacílio. É lá que ele vai conhecer sua esposa, Rosina Freitas, e se casar no ano de 1950.

Mesmo se tornando um acadêmico, Dimas nunca perdeu a capacidade de fazer verso improvisado no mais alto nível. Na mesma célebre cantoria em Campina Grande, Raimundo Asfora deu a Dimas um mote com uma oração complexa, por explorar ideias contraditórias: *não sei se morrendo, vivo./ mas sei que vivendo, morro!*. Dimas Batista disse:

> Não sei se é preciso guerra,
> mas sei quanto a guerra custa.
> Não sei se a bondade é justa,
> mas sei que a justiça erra.
> Não sei se inda subo a serra,
> mas sei que inda desço o morro.
> Não sei se apanhando corro,
> mas sei que há de haver motivo.
> *Não sei se morrendo, vivo,*
> *mas sei que vivendo, morro!*

Não sei se mereço afago,
mas sei quando sinto enlevo.
Não sei se pagando, devo,
mas sei que devendo, pago.
Não sei se laguna é lago,
mas sei que uma fonte é jorro.
Não sei quando serei forro,
mas sei que nasci cativo.
Não sei se morrendo, vivo,
mas sei que vivendo, morro!

Em 1986, Dimas faleceu em Fortaleza com apenas 65 anos de idade, vítima de um acidente vascular cerebral. Foi sepultado em Tabuleiro do Norte, cidade que sempre o acolheu. Sempre muito religioso, antes de morrer deixou essa ode às maravilhas da natureza com o mote *quanto é grande o poder da natureza!*:

Contemplando, nos céus, milhões de estrelas,
nessas noites sem nuvens e sem lua,
meu olhar divagante continua
nesse enlevo poético de vê-las.
Outros tantos planetas giram pelas
regiões siderais com tal firmeza,
e fazendo-os crer sem tibieza,
numa sábia, infinita majestade,
que os dirige através da imensidade,
quanto é grande o poder da natureza!

Que beleza, que graça, que poesia,
há no riso inocente da criança,
ou na flor que, de leve, se balança,
quando a brisa, ao passar, lhe acaricia.
A rolinha arrulhando ao fim do dia,
numa doce e poética tristeza.
São estrofes de mística beleza

deste grande poema universal,
que não pode imitá-las um mortal:
quanto é grande o poder da natureza!

Nós quem somos? Enfim, de onde viemos?
São perguntas, ainda, sem resposta.
A matéria, depois de decomposta,
ninguém sabe dizer pra onde iremos.
Em mistérios envoltos, nós vivemos,
pois não vemos as coisas com clareza.
Pobres nautas, sem rumos, sem certezas,
quanto é grande o poder da natureza!

∽

A história dos três irmãos cantadores seria mentirosa se ocultasse o papel de Otacília Guedes Patriota, na família chamada carinhosamente de Tacília, a segunda filha mais velha de Severina e Raimundo. Otacília teve um papel fundamental na criação de seu irmão, Otacílio. Com o adoecimento de Severina, foi ela quem ficou responsável pelos cuidados maternos de alguns dos irmãos. Otacílio tinha um grande apego pela irmã, a quem considerava uma segunda mãe. Certamente foi de Otacília que ele ouviu muitos versos da sua infância.

Formada no magistério normal em Recife, Otacília voltou para Itapetim onde trabalhou como professora até o fim da sua vida. Tinha a veia poética dos Batista como vocação desde muito jovem.

Com 15 anos de idade, Otacília estava visitando familiares no período das festas de fim de ano na cidade de Caruaru, quando ocorreu um concurso poético infanto-juvenil. Em métrica perfeita, a menina escreveu essas quadras no concurso:

O natal nesta cidade,
envolveu meu coração
na penumbra da saudade

das coisas do meu sertão.
Aquela festa ruidosa,
expandindo alegria,
porém eu triste saudosa,
em minha'alma, a nostalgia.

Quando estiver de regresso
ao sertão do Pajeú,
levarei no peito impresso
o nome: Caruaru.

Otacília recebeu o prêmio de segundo lugar neste concurso. O primeiro lugar foi dado à filha do prefeito do município.

Como não pôde exercer a profissão de poeta, Otacília utilizava sua habilidade para fins pedagógicos, utilizando a poesia na formação educacional em sala de aula. Nas aulas de geografia, para ensinar a formação dos rios da bacia hidrográfica brasileira, Otacília compôs essas quadras, em perfeita métrica e rima:

Somos três rios frondosos
do nosso amado Brasil,
com seus passos ruidosos
que encantam em cantos mil.

Sou Amazonas infindo,
que tive o nome de mar,
trago no meu leito lindo
vitória-régia a brilhar.

O ruído da pororoca
faz um barulho infernal,
desperta o índio na oca
do seu sono matinal.

O São Francisco sou eu
sendo todo brasileiro,
cascata que Deus me deu,
não banho o solo estrangeiro.

Paulo Afonso, dom celeste,
beleza tão natural,
esperança do Nordeste,
ninguém possui outro igual.

Sou Paraná que limita
São Paulo e Minas Gerais,
junto com o Parnaíba,
divisão para Goiás.

Sou fronteira de Argentina,
e também do Paraguai,
Minh'água bem cristalina
Despeja no Rio Uruguai.

Otacília teve sete filhos, e viveu como professora na região do Pajeú até sua morte, em 1993.

A trajetória poética de Otacílio é em grande medida determinada pela relação com seus irmãos. O caminho aberto por Lourival e depois por Dimas foi revolucionado por Otacílio, fazendo com que a arte do cantador atingisse um patamar diferente, presente nos teatros, nos festivais, nas gravações e nos palácios. Fincado nos Vales poéticos do Pajeú e do Jaguaribe, Otacílio contribuiu para revitalizar a poesia de repente, tornando-a parte fundamental da literatura brasileira, ainda que não suficientemente reconhecida enquanto tal.

Definindo os três irmãos cantadores, Dimas atribuía a si próprio a característica de uma poética mais lírica e filosófica. Otacílio ele definia como o mais sagaz e carismático, enquanto Louro era o cantador mais completo.

Quando perguntavam a Pinto do Monteiro sobre a trindade, ele respondia fazendo gestos com a mão. Para Dimas, ele desenhava no ar uma linha reta, indicando a constância e serenidade intelectual. Para Otacílio, ele fazia gestos que imitavam uma onda, demonstrando uma trajetória com altos e baixos. Para Lourival, ele fazia um gesto rápido com a mão de cima para baixo, como em um arremate, demonstrando como Louro era certeiro e ágil em seus repentes.

Chárliton Patriota, sobrinho de Otacílio e um grande estudioso do repente brasileiro é quem afirma:

eu viajei com Otacílio e acompanho cantoria de 1971 para cá e não vi nenhum cantador mais importante para o universo da cantoria que Otacílio. A cantoria seria uma sem Otacílio e foi outra com Otacílio. Pode-se contar a história de Otacílio sem se contar a história da cantoria, mas não se pode contar a história da cantoria sem se contar a história de Otacílio".

Capítulo 4
É divino, é muito belo, dois poetas num duelo, cadenciando o Martelo na bigorna do baião

> Quisera ser ignorante,
> como um cantor sertanejo!...
> Era esse o meu desejo!...
> Não ter nenhuma instrução,
> mas ter o dom do improviso,
> para dizer, de momento,
> as dores do pensamento
> e as mágoas do coração.
> Excelso, divino poeta,
> que levas um mês inteiro,
> beliscando no tinteiro,
> para um soneto compor,
> deixa um momento a avenida,
> vai lá nos matos sombrios
> ouvir esses desafios
> de um cabra improvisador
>
> CATULO DA PAIXÃO CEARENSE[1]

AFINAL, QUAL É A ARTE DO CANTADOR-REPENTISTA? É sempre difícil explicar para aqueles que nunca assistiram a uma cantoria de repente o que fazem os cantadores. Compreender o jogo da cantoria é algo que de verdade só pode ser feito assistindo aos repentistas improvisarem e enunciarem ao vivo seus versos e motes. Aqui, vamos buscar descrever da maneira mais didática possível a arte da cantoria e também o papel que teve Otacílio no registro e criação de novas métricas da poesia de repente ou, como ele próprio nomeava, dos gêneros da poesia popular.

---

[1]. Além de poeta, Catulo da Paixão Cearense (1863–1946), o poeta do sertão, foi teatrólogo, músico e compositor brasileiro. É considerado um dos maiores nomes da história da canção popular brasileira.

Utilizaremos para isso — e aqui faremos um estudo e um balanço crítico do seu conteúdo — a obra fundamental da autoria de Otacílio Batista em parceria com Francisco Linhares: *Antologia Ilustrada dos Cantadores*. Essa obra teve sua primeira edição publicada em 1976 pela editora da Universidade Federal do Ceará — UFC. É um documento de mais de quinhentas páginas que recupera as glosas e as histórias de quase 300 cantadores repentistas. Para escrever a *Antologia Ilustrada*, Otacílio inspirou-se no trabalho pioneiro feito pelo escritor, cordelista e editor Francisco das Chagas Batista. Em 1929, Chagas Batista lançou de maneira totalmente independente e pioneira, pela Popular Editora, de sua propriedade, o livro *Cantadores e Poetas Populares* recuperando versos dos principais repentistas que atuaram no século XIX. Ali, pela primeira vez, havia um livro escrito por alguém que viveu e produziu poesia popular diretamente, e não por folcloristas pesquisadores como Fernando Coutinho Filho ou Leonardo Mota, por exemplo. Com a publicação da *Antologia ilustrada*, Otacílio e Linhares renovam o legado de Chagas Batista e oferecem um registro fundamental para a história do repente brasileiro.

Utilizaremos também alguns conceitos desenvolvidos pelo professor João Miguel Sautchuk, coordenador do dossiê que tornou o repente reconhecido como Patrimônio Cultural do Brasil durante a 98ª reunião do Conselho Consultivo do Patrimônio Cultural, órgão vinculado ao Instituto do Patrimônio Histórico e Artístico Nacional — IPHAN, em sua pesquisa antropológica intitulada *A poética do improviso: prática e habilidade no repente nordestino*.

⁓

A cantoria de repente é a articulação de quatro elementos que separadamente são muito simples de entender, mas que funcionando de maneira coordenada se tornam complexos. Esses elementos são uma *ética*, a *rima*, as *métricas* e uma *oração*.

A *ética* da cantoria é o que estabelece este fazer poético de fato como uma *literatura*, no sentido em que o professor Antonio Candido atribui a esse termo, ou seja, certos elementos de natureza social e psíquica que se manifestam historicamente e fazem de uma manifestação literária um aspecto orgânico da vida em sociedade. Esses elementos são a existência de um conjunto de produtores literários, mais ou menos conscientes de seu papel; um público de diversas origens, sem o qual as obras literárias não vivem; e um mecanismo transmissor, uma linguagem traduzida em estilos, que liga os produtores ao público. Dessa maneira, a literatura aparece como sistema simbólico que torna possível a expressão humana mas, também, a interpretação de diferentes esferas da realidade.[2] A cantoria de repente, com suas características particulares, carrega todos os elementos de uma literatura.

O que é particular na ética da cantoria é que há um acordo não escrito entre os cantadores que se apresentam e duelam entre si, e entre estes e o público que os assiste. Entre os cantadores, está acordado que as poesias precisam ser feitas de improviso, não podem ser decoradas anteriormente. O canto improvisado coloca a invenção não conhecida de um cantador em relação com a resposta também não antecipada do outro, numa sequência em que a coerência é condição da continuidade do diálogo poético. Cantar de maneira decorada é considerado uma infração grave à ética do repente. Os cantadores chamam de *balaio* ao canto decorado anteriormente por um cantador ou previamente combinado entre dois cantadores, em um festival, por exemplo.

Uma vez, Dimas Batista estava na cadeira do barbeiro, esperando para fazer a barba já com o rosto coberto de creme de barbear e portanto irreconhecível, na cidade de Tabuleiro do Norte. Um morador da cidade entrou na barbearia e, sem notar a presença de Dimas, de imediato falou ao barbeiro:

---

2. CANDIDO, Antonio. *Formação da Literatura Brasileira: momentos decisivos*. São Paulo: EDUSP; Belo Horizonte: Itatiaia, 1975.

— Você viu o balaio que Dimas cantou contra Hercílio na cantoria de ontem?

Sem titubear, Dimas levantou-se da cadeira e aplicou diretamente um soco no rosto do falador. A acusação de fazer balaio foi sempre levada muito a sério no mundo da cantoria.

O acordo entre os cantadores também pressupõe que a cantoria deve ser realizada no formato de um *duelo*. Até o início do século passado, ocorriam cantorias com três cantadores versando alternadamente, mas a prática mais comum foi sempre a do confronto entre dois repentistas. Em épocas mais remotas, esse confronto foi também uma prova de resistência. Era necessário permanecer versando, horas a fio, e o cantador que desistisse, seja por desconhecimento do tema ou mesmo por cansaço, era declarado perdedor. Ao longo do tempo, os termos desse duelo foram se alterando e transitando cada vez mais de um confronto para uma colaboração entre dois cantadores, sem nunca perder, em momentos específicos da cantoria, as tonalidades do desafio. Cada cantador procura sobrepor-se ao colega construindo uma representação de si mesmo como mais forte, mais inteligente e mais corajoso que o parceiro. Essas representações atualizam valores coletivos que vão além da cantoria. Assim, é produzida uma axiologia que impõe o enfrentamento como forma de construção e manutenção de imagens pessoais.

A ética da cantoria também envolve o público que a assiste. A participação da assistência pressupõe a colaboração financeira para com os cantadores, dinheiro que tradicionalmente é colocado em uma bandeja. Passar a bandeja na cantoria é uma prática tradicional. As pessoas que colocam dinheiro na bandeja ganham o "direito" de sugerir um mote, pedir um determinado gênero ou, até mesmo, uma canção. A quantidade de dinheiro na bandeja é expressão do quanto o público está estimando a qualidade da cantoria.

É uma ética que envolve também os apologistas e promoventes da cantoria. Apologistas são uma espécie de categoria crítica do repente. É formada por grandes admiradores e conhecedores da cantoria, pessoas que decoram versos, publicam livros, divulgam e recuperam a memória das grandes cantorias. Os promoventes recebem e organizam as cantorias, muitas vezes fazendo de suas casas pontos de encontro repentistas.

A partir da década de 1950, Otacílio atuou de maneira muito decidida, e é possível dizer que até com grande sucesso, para transformar a ética da cantoria de repente, especialmente no que diz respeito à relação entre cantadores e o público. Em conversas com os cantadores, com a formação de associações e também na relação com os promoventes, Otacílio passou a exigir que as cantorias fossem acertadas a partir do pagamento de um cachê, previamente acordado. O dinheiro da bandeja seria um pagamento adicional, mas não mais a única fonte de financiamento do repentista. Na região do Vale do Jaguaribe, promoventes passaram a cercar a área onde se realizava a cantoria, colocar uma portaria e cobrar ingresso do público que vinha ouvir os cantadores. Através da atuação de Otacílio, o cantador-repentista deixava de ser um errante que viajava a pé na região, levando informação e entretenimento para os sítios e fazendas sem garantia de sustento futuro, para ser um profissional do repente.

Durante o século XIX e na primeira metade do século 20, antes do aparecimento do rádio, o cantador-repentista era, muitas vezes, a única fonte de informação. José Rabelo[3] afirma que o cantador é o predecessor do jornalista, do rádio e da televisão no sertão nordestino. Ele levava a informação a quem não tinha acesso, em forma de versos rimados e metrificados. A partir da atuação de Otacílio, o repentista passa também a ser visto como um artista, a ter uma atividade que podia ser respeitada como esteticamente relevante, efetivamente como um meio de ganhar a vida.

---

3. VASCONCELOS, José Rabelo de. *O Reino dos Cantadores ou São José do Egito etc., coisa e tal.* 2 ed. São José do Egito: Ed. do autor, 2014.

Otacílio também mudou os termos do confronto que se estabelecia entre os cantadores. Uma vez que a cantoria devia ser paga por um cachê, a apresentação dos cantadores devia ter um tempo máximo para se realizar, por exemplo, em até duas horas. A cantoria deixava assim de ser uma prova de resistência, abrindo espaço para uma relação mais de colaboração do que de duelo entre os cantadores, ainda que o desafio permanecesse como tom principal do repente.

Outro elemento fundamental da cantoria é a *rima* que, apesar de ter normas rígidas, é considerado o fundamento mais simples. Um poeta bem formado dificilmente erra neste fundamento. Ao longo da história, os cantadores foram se diferenciando de outros poetas repentistas, como aboiadores ou emboladores, na exigência de uma norma gramatical na composição de suas rimas.

Na cantoria, as rimas devem ser consoantes, ou seja, deve haver uma correspondência completa entre os fonemas desde a vogal tônica até o final das palavras rimadas. É exemplo afirmar que a rima "cantador/amor" ou "chegou/desabou" estão corretas, mas é errado tentar rimar "cantaDÔ/cheGÔ". É considerado correto o uso de algumas rimas com palavras que têm a terminação igualada na fala, como "Goiás/mais" ou "touro/namoro", mas nem sempre essas são normas consensuais e seu domínio também não é igualmente acessível a todos, pois depende, em grande medida, do conhecimento da língua escrita. Pode haver exceções específicas às normas da rima em função da construção da coerência na oração, especialmente em motes que têm origem no coco-de-embolada, como *Nesse meu Brasil caboco/ de Mãe Preta e Pai João*, onde é possível rimar "caboco/pouco". Também no mote *Voa Sabiá/ vem voando devagar*, onde se rima "errar/Sabiá".

No repente, a rima está totalmente a serviço da métrica, imprimindo padrões de duração dentro das estrofes por meio da repetição regular e obrigatória de fonemas. A própria etimologia da palavra rima, derivada do latim *rhythmus*, indica a referência a um movimento compassado, um ciclo regular.

A *métrica* diz respeito ao ritmo e é a quantidade de versos (ou pés, como dizem os cantadores) em uma estrofe, relacionada com a quantidade de sílabas poéticas por versos. Em alguns casos, também se considera a distribuição dos acentos prosódicos no interior desses versos. Muitos cantadores consideram a métrica como a dimensão fundamental da poesia, pois é o ritmo que dá a sensação de ordem e perfeição, instaurando essa sensação de admiração e estranhamento quando se ouve uma estrofe de improviso. A estrutura da poesia é assim um paralelismo contínuo que gera também paralelos de sentido, construindo uma relação de significados entre palavras a partir de sua semelhança acústica. Esse paralelismo produz uma matriz, na qual as linhas são os versos (ou pés), e as colunas, as sílabas poéticas. Uma sextilha, gênero mais simples e preferido dos repentistas, contém assim seis versos (ou pés), apresentados na dimensão das linhas, e sete sílabas poéticas, apresentadas na dimensão das colunas, sendo que a contagem termina na última sílaba tônica da última palavra. Vamos dar um exemplo na imagem abaixo, a partir de uma sextilha escrita em cordel pelo cantador Zé Maria, de Fortaleza:

Sextilha
6 linhas e sete sílabas poéticas

	1	2	3	4	5	6	7
1	A	Sex	ti	lha‿é	uma	es	tro fe
2	que	mos	tra	no	seu	con	tex to
3	seis	ver	sos	de	se	te	sí labas
4	e	a	pre	sen	ta	seu	tex to,
5	ri	man	do‿o	se	gun	do	ver so
6	com	o	quar	to‿e	com	o	sex to

Os cantadores usam para a contagem de sílabas poéticas, na dimensão da linha da matriz métrica, o sistema silábico-acentual. Nesse sistema, são consideradas unidades rítmicas as composições em função da sucessão de sílabas fortes (acentuadas) e fracas (não acentuadas), além de outros critérios convencionais de versificação da língua portuguesa. As sílabas poéticas são contadas apenas até a última sílaba tônica de cada verso, podendo ocorrer a elisão ou a crase das vogais finais e iniciais de palavras contíguas. Isso significa que a contagem das sílabas poéticas quase sempre é diferente da contagem das sílabas gramaticais.

É a métrica que determina as modalidades, os estilos ou, como Otacílio nomeia, os *gêneros* da poesia popular que são usados pelos cantadores repentistas. Na *Antologia Ilustrada dos Cantadores*, Otacílio afirma que, contando os gêneros mais usados com os de pouca utilização e mesmo os que se encontram completamente abandonados para o improviso, o repente possui trinta e seis gêneros. A quantidade de gêneros da poesia popular, a frequência de sua utilização e suas distintas origens estão longe de ser um consenso entre os cantadores e apologistas. Há quem afirme que existam cerca de cento e vinte gêneros, e sessenta deles ainda em uso. Otacílio tentou expressar na antologia dezoito dos principais gêneros utilizados na poesia de repente, explicando suas origens, métrica, variações e rimas.

A *oração* é o que estabelece a coerência de sentido do diálogo que se desenvolve entre os cantadores. Cada par de estrofes estabelece um diálogo bivocal que confronta duas vozes entre si. As vozes estabelecem relações de diferentes pontos de vista sobre um objeto, ao mesmo tempo em que provocam as palavras do interlocutor. Trata-se da palavra de alguém sobre algo ou alguém que escuta e pode responder. A natureza dialógica do repente reclama assim uma coerência, que se expressa na oração.

O primeiro elemento que amarra a oração do repente é a obrigação de fazer rimar o primeiro verso de uma estrofe com a último verso proferido pelo outro cantador. É o que se chama de "deixa". Essa imposição colabora para o estabelecimento do diálogo poético e dificulta o recurso a versos decorados.

Outro elemento é o estabelecimento de *baiões* e *toadas*. Cada gênero da poesia de repente é cantado em um determinado ritmo que de verdade é o que faz os cantadores memorizarem a contagem das sílabas poéticas, uma vez que ninguém vai fazer a contagem matemática no momento da improvisação. *Coqueiro da bahia, boi da cajarana, galope à beira mar* são alguns exemplos de toadas que estão sempre relacionadas a um determinado tema. Cada parte da cantoria também é vulgarmente conhecida como *baião*, forma que se diferencia das canções muitas vezes executadas no intervalo entre os improvisos.

Por fim, são parte da oração os *temas* e *motes*. O improviso sempre é cantado em torno de algum tema específico, e fugir desse tema pode ser considerado uma má atitude do cantador. É evidente que os temas são sempre forçados no limite da criatividade. A cantoria geralmente se inicia com o tema da apresentação, introduzindo os cantadores, agradecendo aos promoventes, ressaltando a presença do público. Um tema muito comum é o de contar vantagem própria, a chamada *pabulagem*. A pabulagem é a enumeração e evocação dos motivos próprios da natureza e do mundo do trabalho rural no sertão nordestino. O cantador canta os temas e o conhecimento de um maior número de palavras sobre este mundo, colocadas adequadamente na forma do repente, determinando o sucesso da poesia. Na pabulagem, o cantador é o herói da ação, o cantador fez e fará, e por isso o verbo é pabular, é contar vantagem, vangloriar-se, cantar grandes feitos possíveis ou impossíveis, não importa.

Os motes, em geral fornecidos pela audiência, são constituídos de uma sentença ou pensamento formado por um ou dois versos que finalizam as estrofes. Em um mote de dois versos, é possível colocar o primeiro verso no meio da estrofe, e o segundo no final. O mote é geralmente usado para estrofes em oito ou dez versos. Um mote decassílabo clássico do tema da pabulagem foi criado por Otacílio e dá nome a um dos seus livros: *o que é que me falta fazer mais?*

O primeiro cantador a revolucionar o sentido da oração na cantoria foi o paraibano de Teixeira, Zé Limeira, o conhecido poeta do absurdo. A história de Otacílio está muito ligada a Zé Limeira na medida em que, junto com o jornalista Orlando Tejo, atribuíram a Zé Limeira muitos versos criados com o seu estilo depois de sua morte. Falaremos detalhadamente sobre esse tema no capítulo 10. Outros cantadores seguiram a escola de oração de Zé Limeira, criando uma nova coerência no sentido do *disparate*. São eles o pernambucano Zé Moraes e o paraibano Zé Marcelino. Em uma cantoria, deram a Zé Moraes o mote: *para ser mãe de Jesus,/ só Maria, outra não*. Ele disse:

> E eu que era uma jega
> que vinha lá do andó
> no jumento de Cleó,
> era pega, mas não pega.
> Correndo mais de uma légua,
> bateu comigo no chão.
> Passou o cavalo do cão
> no bico de um avestruz.
> *Para ser mãe de Jesus,*
> *só Maria, outra não*

Buscando dar um sentido de profissionalização à atividade do cantador, Otacílio utilizava da sua voz grave, muito adequada aos programas de rádio, a conhecida voz do Uirapuru, para criar novas toadas. Ele adocicava a forma como os baiões eram cantados, coisa que a dureza de estilo dos cantadores mais antigos não permitia. Otacílio dizia que a cantoria jamais podia se parecer com a MPB, mas tinha que melhorar a sonoridade de maneira que atingisse um público mais amplo. Essa foi uma abertura que permitiu a renovação de toadas da cantoria.

Otacílio também criou métricas próprias que passaram a ser clássicas na cantoria. Chárliton Patriota informa que o mourão perguntado, décima alternada entre os cantadores que tem como mote final *isso é mourão perguntado/ isso é responder mourão*, é criação de Otacílio. É um gênero que tem origem no quadrão em dez perguntado que, na *Antologia Ilustrada*, aparece como uma criação dos "irmãos Batista". Por organizar os versos em perguntas e respostas que se alternam entre os cantadores, é um gênero que exige muito esforço, ao mesmo tempo que permite a criação de situações cômicas originais. Cada pergunta precisa ser respondida com inteligência e segurança para o bom êxito da estrofe, da mesma forma que o cantador que está na posição de perguntar precisa ter inteligência na escolha da indagação. Nenhum exemplo desse gênero é melhor do que o de uma cantoria entre João Furiba[4] e um cantador não registrado.

Pernambucano radicado na Paraíba, João Furiba tinha como marca de seus repentes sempre contar muita mentira para provocar risos na plateia. Era conhecido como João Mentira. Sempre muito alegre, morreu aos 100 anos de idade, deixando mais de 40 filhos. Nesse mourão perguntado, um cantador disse:

> Quantos filhos você tem?
> Furiba respondeu:
> Por ora, quarenta e dois.
> CANTADOR E pensa em ter mais depois?
> FURIBA Eu penso em passar de cem.
> CANTADOR E que feição eles têm?
> FURIBA Têm todos minha feição.
> CANTADOR Tem vizinho na região?
> FURIBA Tem um, mas nasceu capado.
> *Isso é Mourão perguntado.*
> *Isso é responder a Mourão.*

E mais à frente:

> CANTADOR Que profissão você tem?
> FURIBA Tenho três e não dá pra feira.
> CANTADOR Diga qual é a primeira.
> FURIBA Sou maquinista de trem.
> CANTADOR Diga a segunda também.

---

[4]. João Batista Bernardo, conhecido como João Furiba, nasceu em 4 de julho de 1919, em Taquaritinga do Norte (PE) e viveu até os 100 anos, boa parte da vida em Sumé, no Cariri Paraibano.

FURIBA Sou piloto de avião.
CANTADOR A terceira é bem ladrão.
FURIBA Não senhor, sou deputado.
Isso é Mourão perguntado.
Isso é responder a Mourão.

A arte da cantoria tornou-se mais rica a partir da poética de Otacílio. Isso ocorreu porque Otacílio soube realizar uma transformação modernizadora na poesia de repente, adaptando-a aos novos tempos do rádio e da urbanização, mas sem deixar de manejar, com enorme maestria, todos os segredos do improviso, sem que este perdesse seu encanto. Mesmo tendo acesso a pouquíssimo ensino formal, Otacílio conseguia aliar o conhecimento adquirido na leitura literária com a prática da cultura oral de dizer de repente. Na famosa cantoria de Campina Grande, quando Raimundo Asfora distribuía os mais difíceis motes aos cantadores, ele, que é de origem árabe, deu a Otacílio a seguinte sete sílabas: *tenho n'alma as tatuagens/ da minha origem cigana.* Otacílio disse:

Fui criado entre as miragens
na solidão do deserto,
de um povo que andava incerto,
tenho n'alma as tatuagens.
São abstratas imagens
de Alá que não se profana.
Dos chefes de caravana,
me orgulho em ser porta-voz:
os primitivos heróis
da minha origem cigana.

Os antigos personagens
defensores de escravos.
De uma legião de bravos
tenho n'alma as tatuagens.

> Fugindo às velhas linhagens
> da imposição duridana,
> por vontade soberana
> Ismael foi peregrino.
> O primeiro beduíno
> *da minha origem cigana.*

Otacílio, assim como grande parte dos repentistas, tinha convicção de que esse dom para dizer poesia de improviso era uma dádiva vinda diretamente de Deus, e que cabia a ele unicamente executar esse dom. Em depoimento à rádio Tabajara ele declarou que: "a pessoa já nasce dotada para cantar, se tentar aprender é pior. Como diz o ditado, a emenda fica pior que o soneto. O dom se traz do berço, nunca ninguém aprende a fazer poesia como não aprende a pintar". Cantando com Dimas em Teresina, tendo como tema a fonte da inspiração, Otacílio disse essas sete linhas:

> Eu encontro a inspiração
> na rica fonte da essência
> que criou o universo
> e fez própria a existência.
> Meu verso não é só meu,
> pois eu sei que ele nasceu
> da divina providência.

Isso não impedia, no entanto, que enxergasse o caráter e o valor social que havia em seus versos. No fundo, Otacílio sabia que a poesia de repente não é simplesmente uma expressão individual mas o fruto de um contexto social e do diálogo permanente com uma comunidade, que se expressa esteticamente através do repente. Em Gravatá, Otacílio cantava com Dimas e o cantador José Vicente deu o mote: *Cantador é mensageiro/ de tudo que o povo sente.* Otacílio disse:

Nós somos pombos correios
viajando em sentimentos,
minimizando os tormentos
e acalentando os anseios.
Apresentamos os meios
melhores pra nossa gente.
Eu uso o dom do repente
por ser um bom conselheiro.
Cantador é mensageiro
de tudo que o povo sente.

Cantando sobre o valor da cantoria e da profissão do cantador, Otacílio disse esses oito pés, com o mote *É belo ser cantador, cigarra do meu sertão:*

Meu querido violeiro,
repentista de talento,
não faça do pensamento
uma casa de leilão.
Deus manda ganhar o pão
como o lírio ganha a flor.
É belo ser cantador,
cigarra do meu sertão.

Eu sei que você nasceu
pobrezinho como eu,
mas o dom que Deus lhe deu
não deu a todo cristão.
O seu grande coração
canta cantigas de amor.
É belo ser cantador,
cigarra do meu sertão.

Somente o poeta canta
com tanta beleza tanta
e faz da sua garganta
o ninho da inspiração.
Sua infinita canção
regenera o malfeitor.
É belo ser cantador,
cigarra do meu sertão.

Você vem do Menestrel,
Trovador, Jogral, Segrel,
dos herdeiros de Israel,
da família de Abraão.
Revivendo a tradição
do rei poeta salmista.
É belo ser repentista,
cigarra do meu sertão.

É divino, é muito belo,
dois poetas num duelo,
cadenciando o Martelo
na bigorna do Baião.
Não pode haver entre irmão
vencido nem vencedor.
Deus canta no cantador,
cigarra do meu sertão.

Capítulo 5
O cachorro que mordeu Bité

É PRECISO AINDA contar a história de mais um irmão de Otacílio, um que vai desempenhar papel central na vida familiar. É o mais jovem dos quatro filhos homens de Raimundo e Severina, Cicílio Guedes Patriota que, sendo um dos caçulas, sempre foi muito mimado pelos pais. Raimundo o chamava, e assim ficou conhecido, como *Bité*.

Quando a família retornou de Recife para viver em Itapetim, Bité era ainda muito criança. Ele não teve a oportunidade de aproveitar o acesso ao ensino formal e cultivar o amor ao estudo que os irmãos desenvolveram na capital. A convivência com a mãe também foi dificultada pelo aprofundamento do adoecimento mental de Severina, tornando Bité uma criança rebelde, muito apegada ao pai. Ainda na década de 1930, Bité via seus irmãos dedicados à leitura e à poesia, especialmente o mais velho, Lourival. Uma vez tentou aprender a ler sozinho, buscou um jornal e foi para uma praça da cidade para tentar decifrar as palavras. No momento que fazia enorme esforço para que as letras no papel formassem sentido em sua mente, um cachorro atacou e mordeu a sua perna, dando-lhe um grande susto. Desde aquele dia, Bité desistiu de aprender a ler.

Mesmo sendo analfabeto até o fim de sua vida, Bité era dotado de grande inteligência. Astuto e sagaz, com a família passando por dificuldades, envolveu-se na região do Pajeú com todo tipo de artimanha para fazer dinheiro. Ia até a feira de São José do Egito participar de apostas e jogo de carteado. Pela noite, organizava roubo de cavalos e de carga, juntamente com alguns amigos. Com menos de 15 anos de idade, aproveitava do clima de violência que havia no sertão para tirar vantagem.

Essa sua atitude rebelde trazia muitas dores de cabeça para a família, mas especialmente para seu amado pai. Muitas vezes, Bité era pego pela polícia e ficava detido na Cadeia Pública de São José do Egito, único presídio da região. Sendo Bité menor de idade, seu pai era obrigado a sair de Itapetim para São José e fazer gestões para retirar o filho da cadeia. O único modo de fazer esse trajeto, na época, era a pé. Dezoito quilômetros de caminhada (quase quatro horas) para ir e dezoito quilômetros para voltar no sol quente do sertão do Pajeú. Quando Raimundo voltava, já estava anoitecendo. Foi isso que ocorreu em 11 de novembro de 1940, mesmo ano em que Otacílio iniciou sua carreira de cantador. Depois de convencer o delegado a soltar Bité, Raimundo deitou na cama, muito cansado, e falou para Severina:

— Mulher, se Bité fizer outra dessa, eu não aguento não.

Deixou no chão ao lado da cama um cigarro de palha que estava aceso e sofreu um infarto fulminante.

A morte de seu pai trouxe um grande sentimento de culpa para Bité que vai procurar até o fim da vida alguma maneira de compensar a tragédia que a família passou. Ele foi tomado ainda de uma enorme tristeza, uma vez que era muito apegado e mimado pelo pai. Assim que se torna maior de idade, Bité arruma um jeito de ir embora para São Paulo, com o objetivo de fazer muito dinheiro e poder ajudar a família.

Bité viveu quase 40 anos em São Paulo, sem nunca perder o sotaque e os costumes nordestinos. Lá casou com sua esposa de toda a vida, Olívia. Educava seus filhos e sobrinhos exigindo que falassem à maneira nordestina. Tinha grande orgulho de seus irmãos poetas e de sua origem familiar. Trabalhou assalariado na construção civil e depois como vigia noturno. Muito perspicaz, logo percebeu no movimento das mercadorias que o caminho para ficar rico, para um retirante como ele, não estaria nos meios legais de obter renda.

De início, Bité ingressou no esquema do contrabando ilegal de mercadorias do Paraguai para o Brasil. Começou a juntar capital na medida em que seus carregamentos eram despachados por toda a região de São Paulo. Comprou uma casa na Vila Mariana e carros novos. Com dinheiro no bolso, começou a ajudar os irmãos que vinham a São Paulo realizar cantorias. Adiantava o pagamento de cachê, emprestava dinheiro para Dimas abrir seu comércio e para Otacílio gravar discos. Ajudava também os sobrinhos, especialmente aqueles que passavam por dificuldades. Lêda Patriota, filha mais velha de Otacílio que desde muito nova sofreu com problemas de saúde, viveu uma temporada com Bité em São Paulo, para se tratar. Com o crescimento do negócio do contrabando, Bité precisou cada vez mais reservar dinheiro para a propina da polícia. Uma vez, foi detido com um grande carregamento na fronteira. Ao invés de levar Bité para julgamento, os policiais federais ficaram com a carga do contrabando, deram-lhe uma surra e tatuaram os braços de Bité para que ele fosse mais facilmente reconhecido em abordagens futuras. Desde esse dia ele só vestia camisas de mangas longas.

Com o dinheiro do contrabando, Bité foi pioneiro em investir no tráfico de drogas internacional. Já na década de 1960, com grande inteligência organizativa e experiência no mundo do crime, Bité era um importante chefe brasileiro do tráfico. Passou então a ter uma vida semiclandestina, fazendo perigosas investidas de fora para dentro do país, negociando carregamentos e fugindo da polícia. Contava muitas histórias de troca de tiros em Minas Gerais e na Bahia.

Quando estava com dinheiro no bolso, após uma negociação de sucesso, Bité precisava desaparecer por um tempo de São Paulo. Comprava o carro mais caro, colocava uma placa fria, comprava documentos falsos e ia para o nordeste, visitar os irmãos. Aparecia muitas vezes no dia seis de janeiro, na festa de aniversário de Lourival, distribuindo dinheiro aos familiares, irmãos e sobrinhos. A parte de Lourival ele dava dobrada, uma para Louro e outra para Helena, uma vez que o dinheiro na mão de Louro era perdido. Muito precavida, Helena economizou para comprar um cartório.

Ia também a Tabuleiro do Norte, encontrar com Otacílio e com Dimas. Em 1972, Otacílio estava de mudança com a família para morar em Fortaleza, já que as condições no Vale do Jaguaribe estavam muito difíceis. Com as roupas todas amarradas dentro das redes, Rosina, esposa de Otacílio, se preparava para tomar o ônibus com nove filhos. Bité foi ao encontro dos seus sobrinhos que já eram crianças maiores e deu a cada um uma nota de 10 mil cruzeiros, a maior cédula na época. No dia seguinte, Rosina tomou o dinheiro das crianças e comprou cinco passagens de ônibus, economizando o que sobrou: as crianças iam revezando durante a viagem de quatro horas, metade sentada e metade em pé.

Às vezes Bité passava dois anos sem aparecer. Ninguém tinha notícias dele. Já se sabia que algum negócio tinha dado errado e ele estava sem dinheiro. Só se relacionava com a família quando estava em condições de ajudar financeiramente.

A vida clandestina de Bité fazia também com que ele fosse pouco citado nos versos e cantorias, tornando-se uma presença praticamente invisível, ainda que muito importante para a estruturação familiar. No aniversário de 60 anos de Lourival, Otacílio colocou um poema na moldura como presente, com o mote *são sessenta janeiros bem vividos/ de poesia, virtude e caridade*:

> Otacília, Raimunda e Madalena,
> com Lizete, com Edite e com Cicilio
> irmanados com Dimas e Otacílio
> compartilham contigo e tua Helena.
> Até mesmo Iracema tão serena
> que partiu para o Céu na tenra idade,
> como anjo ela vem da eternidade
> cochichar de alegria em teus ouvidos.
> *São sessenta janeiros bem vividos*
> *de poesia, virtude e caridade.*

Os teus olhos de luto estão chorando
e tu'alma chorando muito mais,
que prazer não teriam nossos pais
se estivessem na festa te beijando.
Lá dos céus ele e ela abençoando
nove filhos sem mancha, sem maldade.
No lugar deles dois vem a saudade
comungar nos teus anos merecidos.
São sessenta janeiros bem vividos
de poesia, virtude e caridade.

Em todos os anos de criminalidade Bité nunca foi preso. Aos irmãos e sobrinhos pedia que, quando perguntassem sobre a origem de sua renda, dissessem que ele trabalhava no ramo de móveis. Com quase 40 anos de carreira no crime, com algum dinheiro guardado, comprou uma casa no bairro de Piedade, região metropolitana de Recife, de onde administrava alguns negócios junto com seu filho, Jorge.

Em Recife, vivia um sargento de polícia reformado que havia tentado prender Bité. Na tentativa, o sargento se colocou na linha de frente e Bité lhe acertou um tiro na perna. O tiro secou a perna do policial, que se aposentou por invalidez. Às vezes Bité passava de carro com um sobrinho em frente a casa do policial e mostrava o sargento aposentado sentado em uma cadeira na varanda, para ilustrar suas histórias. Os sobrinhos perguntavam:

— Tio Bité, e se esse Sargento vier atrás do senhor?

Com a mesma ironia fina dos irmãos Batista, Bité respondia:

— Meu sobrinho, esse Sargento, eu já fiquei sabendo que ele fala assim pros vizinhos: "que vontade eu tenho de ver Bité. Eu tenho que agradecer que minha vida ficou muito melhor. Agora eu me aposentei, não faço nada. Se eu encontrasse Bité de novo, eu seria até capaz de dividir minha aposentadoria com ele".

Bité formou seu filho Jorge para continuar o negócio do tráfico. Jorge seguiu no ramo, cuidando dos investimentos do pai pelo Brasil e morando no Recife. Mais tarde, Jorge passou a morar em

Piedade juntamente com Bité, separado da esposa que ficou com medo da vida do crime. Aos poucos, Bité começou a definhar sem cuidados médicos; uma vez que era procurado pela polícia, evitava ir a hospitais. Se recusou a pedir ajuda a qualquer pessoa da família e até mesmo a avisar que estava doente. Ficou em um colchão no chão, na casa em Piedade, sem dinheiro. Sua esposa, Olívia, já era falecida. Quando os familiares tiveram notícias e chegaram até ele, Bité estava quase como indigente. Foi levado para o hospital e faleceu em menos de 48 horas. Está sepultado na cidade de Paulista (PE).

Capítulo 6
Senhores críticos, basta!
Deixai-me passar sem pêjo...

A DÉCADA DE 1940 representa um dos momentos de maior transformação para a atividade do cantador-repentista. A partir do final da Segunda Guerra Mundial, a sociedade brasileira vive uma grande mudança e a poesia de repente começa a transitar de uma posição de ser apenas um elemento da cultura oral do meio rural, sendo o cantador muitas vezes estigmatizado como andarilho ou pedinte, pertencente portanto a uma expressão de menor valor cultural que não podia ser estimada no meio urbano, para ser ouvida e expressada nos meios culturais próprios da classe dominante do nordeste: os teatros. A arte do cantador-repentista passa então a ser valorizada em um patamar distinto.

Concorrem para isso, principalmente, os esforços de dois grandes poetas: o paraibano radicado em Recife, Ariano Suassuna; e o pernambucano radicado em Fortaleza, Rogaciano Leite. Sobre essa época, Ariano declarou:

Em 1946, com apoio do Diretório da Faculdade de Direito, organizei no Teatro Santo Isabel a primeira cantoria de que a nossa cidade iria tomar conhecimento "oficial", digamos assim. Nela, tomaram parte os três irmãos Batista — Lourival, Dimas e Otacílio — assim como um poeta popular com quem, depois, mantive longa correspondência, Manoel Lira de Flores.

Lembro-me bem do escandalizado espanto com que foi recebida na época minha solicitação de pauta no Santa Isabel para a realização da cantoria. O diretor do teatro (Valdemar de Oliveira), consternado, perguntou como eu tinha a ousadia de promover a presença de "cantadores-de-viola" em um palco onde havia estado Castro Alves, Tobias Barreto e Joaquim Nabuco. Finalmente, para "ressalvar sua responsabilidade", segundo me disse, aceitou o pedido tendo em vista somente o "objetivo filantrópico" da iniciativa, já que metade da renda serviria para pagar os cantadores e a outra metade seria doação ao abrigo dos cegos.

Os cantadores viajaram para essa cantoria por conta própria e confiando somente no êxito da ousada experiência para compensar as despesas. Quem nos ajudou muito foram os jornalistas Tadeu Rocha e Esmaragdo Marroquim. Levei os cantadores a Tadeu Rocha e ele divulgou o mais que pôde a cantoria, publicando sobre ela várias matérias nos jornais. O teatro Santa Isabel ficou lotado e os aplausos consagraram nossos poetas.

Otacílio é um dos principais protagonistas em todos esses eventos que dão nova dimensão à poesia de repente brasileira, fazendo ressoar sua voz de uirapuru agora não mais apenas nos alpendres e pés-de-parede, mas também no interior dos luxuosos teatros e palácios.

No mesmo ano em que Otacílio iniciou na atividade da cantoria, em 1940, então com 17 anos de idade, seu pai Raimundão veio a falecer vítima de um infarto. A situação de penúria da família se agravava em Itapetim. Grande parte da responsabilidade de cuidados com a mãe adoecida recaía sobre as irmãs mais velhas, principalmente Raimunda e Otacília. Neste contexto, o único remédio para Otacílio foi cair no mundo com uma viola a tiracolo, viajando de cidade em cidade e arranjando cantorias para sobreviver.

Era o momento em que o regime do Estado Novo de Getúlio Vargas consolidava seu poder e se estabilizava com enorme centralização política em torno da figura do próprio Getúlio e tendo como centro político a capital do país, então no Rio de Janeiro. Com interventores federais governando na maioria dos estados, foi realizado no distrito federal um ato público de queima das bandeiras dos estados federados. As bandeiras foram proibidas, assim como os demais símbolos estaduais. O Estado Novo era contra qualquer demonstração de regionalismo. O próprio Getúlio afirmou, em 1939: "não temos mais problemas regionais; todos são nacionais e interessam ao Brasil inteiro".[1]

Essa concepção de Getúlio redefiniu, em grande medida, a situação de permanente conflito regional que ocorria no nordeste, estabelecendo uma nova política de genocídio contra os retirantes. O primeiro desses massacres vai acontecer já no primeiro ano do Estado Novo, em 1937, na cidade do Crato (CE). Lá, centenas de camponeses organizaram uma comunidade conhecida como *Caldeirão de Santa Cruz do Deserto*, liderados pelo negro, paraibano de Pilões de Dentro, José Lourenço Gomes da Silva, o beato José Lourenço, um apadrinhado do Padre Cícero Romão. Era uma sociedade igualitária, com trabalho comunitário repartido e que tinha como base a religião católica. O governo de Getúlio ordenou, em 11 de maio de 1937, o massacre da comunidade, inclusive com a utilização de bombardeio aéreo, acusando os camponeses de serem comunistas. O número oficial é de 400 mortos, mas outras estimativas chegam a mais de mil. Os familiares e descendentes dos mortos nunca souberam onde estão os corpos, pois o Exército Brasileiro e a Polícia Militar do Ceará nunca informaram o local da vala comum onde os camponeses foram enterrados.

Situação semelhante ocorreu em 1938, na comunidade *Pau de Colher*, localizada no município de Casa Nova (BA), no limite com os estados de Pernambuco e do Piauí. Os camponeses eram liderados pelo beato José Senhorinho e foram massacrados por forças dirigidas pela Polícia Militar de Pernambuco, do governador Agamenon Magalhães, apoiadas por tropas federais. Foram registrados 157 mortos no povoado de Pau de Colher e ainda outros 40 mortos que, ao fugirem, foram atacados por uma patrulha piauiense. As crianças órfãs, ou cujos pais estavam presos,

---

[1]. Vargas, Getúlio. *As diretrizes da Nova Política do Brasil.* José Olímpio Editora, 1942.

foram enviadas para Salvador e usadas para o trabalho doméstico, muitas vezes em regime de escravidão.

Era um momento também de forte repressão política, censura, prisões e torturas contra a oposição política, especialmente contra os comunistas e militantes do movimento sindical. O DIP (Departamento de Imprensa e Propaganda), criado em 1939, centralizava e censurava a imprensa a partir dos ditames da capital. O mato grossense Filinto Strubing Müller, expulso da coluna Prestes acusado de ser desertor e covarde, tornou-se o comandante das sessões de tortura a partir da chefatura da polícia do Distrito Federal, cargo que assume desde 1933. Mais de 20 mil presos políticos passaram pelas mãos de Filinto Müller, entre eles a esposa de Luís Carlos Prestes, a comunista alemã Olga Benário. Já no preâmbulo da constituição outorgada em 1937, era possível ler:

> Atendendo ao estado de apreensão criado no país pela infiltração comunista, que se torna dia a dia mais extensa e mais profunda, exigindo remédios, de caráter radical e permanente;
> Atendendo a que, sob as instituições anteriores, não dispunha o Estado de meios normais de preservação e de defesa da paz, da segurança e do bem-estar do povo;
> Resolve assegurar à Nação a sua unidade, o respeito à sua honra e à sua independência, e ao povo brasileiro, sob um regime de paz política e social, as condições necessárias à sua segurança, ao seu bem-estar e à sua prosperidade, decretando a seguinte Constituição, que se cumprirá desde hoje em todo o país.

Em setembro de 1939, a Segunda Guerra Mundial já havia oficialmente começado com a invasão do exército nazista sobre a Polônia. Nos três primeiros anos de guerra, Getúlio Vargas empregou uma política externa ambígua, ora negociando com as forças fascistas do Eixo, ora se voltando para acordos com as forças aliadas, notadamente os EUA. Inicialmente, o Brasil dava demonstrações de que podia participar da guerra apoiando o Eixo. Entre 1933 e 1938, a Alemanha nazista se tornou o principal mercado para o algodão brasileiro e o segundo maior importador de café e cacau. O rápido aumento do comércio civil e militar entre o Brasil e a Alemanha nazista acendeu o sinal amarelo para as embaixadas dos EUA e da Inglaterra, que aumentaram a pressão sobre o governo de Getúlio. Houve também um forte movimento popular que pressionava nas ruas pelo posicionamento brasileiro na frente antifascista, inclusive pela retomada das relações diplomáticas com a União Soviética.

Em 31 de agosto de 1942, o Brasil finalmente declarou guerra contra a Alemanha e a Itália fascistas. A declaração foi precedida por uma negociação entre Getúlio Vargas e Franklin Roosevelt, estabelecendo que a parte estadunidense deveria financiar a construção da Companhia Siderúrgica Nacional (CSN), na cidade de Volta Redonda, no Rio de Janeiro. Em troca, o Brasil cedeu uma base aérea no estado do Rio Grande do Norte para o exército dos Estados Unidos utilizar como apoio logístico para suas operações na Europa. Também foi criada a quarta frota naval do exército estadunidense que tinha como comandante o vice-almirante Jonas Ingram. Por ordem de Getúlio Vargas, Ingram se tornou comandante também da Marinha do Brasil durante o período da guerra.

A declaração de guerra impõe a necessidade da convocação de um grande número de recrutas, uma vez que o exército brasileiro era mal preparado e contava com um pequeno contingente. Para Getúlio, era estratégico que o Brasil tivesse uma participação ativa na guerra, inclusive enviando tropas. Dessa maneira seria possível atingir um maior protagonismo internacional, aumentando a capacidade de negociação no âmbito da política externa. Os interventores federais nos estados, querendo agradar ao presidente, mobilizam-se então para formar novos regimentos, convocando amplamente os jovens ao treinamento militar. Por essa época, Otacílio tinha 19 anos de idade e Dimas, 21.

Convocados para o serviço militar, Otacílio e Dimas iniciam o treinamento desconfiando que pudessem efetivamente trocar tiros em uma guerra que ocorria de fato em um continente muito distante. Em especial, faziam medo para os nordestinos as baixas temperaturas e o frio que podiam passar se tivessem que combater durante o inverno europeu. Por aquela época, o comentário mais corrente era de que era mais fácil uma cobra fumar do que o Brasil levar soldados para combater contra os nazistas. Alojados em quartéis do Recife, eles animam a tropa com versos e cantorias. Muito jovens, são vistos nos turnos de folga pela noite da cidade, bebendo e jogando apostado com o dinheiro que ganhavam na bandeja do repente.

Na certidão 83-s emitida pela Polícia Militar de Pernambuco, podemos ler que

no requerimento do ex-soldado Otacílio Guedes Patriota, certifico sobre a situação do requerente que, feita a busca no arquivo desta Corporação, foi encontrado o seguinte: Otacílio Guedes Patriota, filho de Raimundo Joaquim Patriota e de Severina Batista Patriota, nascido a 26 de setembro de 1923, em São José do Egito — Pernambuco, solteiro, sem ofício, alfabetizado, com 1,74 de altura, cor branca, olhos castanhos, cabelos castanhos, nariz grosso, boca regular, rosto oval, barba e bigodes raspados, sem sinais particulares e já vacinado, tendo recebido o certificado de reservista de segunda categoria número 40555.

É de admirar que Otacílio tivesse apenas 1,74 metros na medição do exército, já que todos que o viram relatam que ele era muito alto.

Em uma cantoria com o sargento de polícia e cantador João de Natália, este terminou uma sextilha dizendo que era *militar bem cursado*. Otacílio respondeu:

> Eu também já fui soldado
> do solo pernambucano.
> Comecei a tirar curso
> e quando foi no fim do ano,
> passei em todas matérias:
> fui promovido a paisano.

A partir do momento em que os soviéticos derrotam os nazistas na Batalha de Stalingrado, em fevereiro de 1943, e iniciam uma marcha acelerada para a tomada de Berlim, os outros países aliados apressaram a mobilização para também tomarem parte da derrubada dos nazistas. É nesse período em que é criada a Força Expedicionária Brasileira (FEB). A cobra efetivamente fumou em julho de 1944, com o início do envio de um contingente de pouco mais de 20 mil soldados para combater em solo italiano, integrados ao Quinto Exército dos Estados Unidos. É nesse período que Dimas se desespera com a possibilidade de participar ativamente da guerra e decepa ele mesmo os dedos médio e indicador de sua mão direita, tornando inviável sua habilidade de tiro. Por fim, o sacrifício foi em vão e os soldados do regimento pernambucano não chegaram a integrar nenhum escalão de embarque, em um sinal de desprestígio do interventor federal Agamenon Magalhães junto ao governo central. Com a desmobilização da FEB, em junho de 1945, Otacílio enfim pôde deixar o posto de soldado e voltar a ser cantador em tempo integral.

Um novo mundo surgiu a partir dos resultados da Segunda Guerra Mundial. A sociedade brasileira, sempre marcada por suas profundas contradições, expressou ao seu modo muitas dessas mudanças. Ainda que desgastado por exercer uma ditadura unipessoal, Getúlio sai do período do Estado Novo com forte apoio popular, fruto da criação de grandes empresas públicas indutoras do crescimento econômico e da implantação da Consolidação das Leis Trabalhistas (CLT) a qual, pela primeira vez, estabeleceu direitos mínimos para o conjunto da classe trabalhadora. O projeto econômico desenvolvimentista promoveu um forte crescimento econômico que impulsionou a industrialização do país para um novo patamar, sem deixar, no entanto, de estabelecer desigualdades e injustiças sociais. O nordeste brasileiro mais uma vez ficou distante da maioria dos investimentos públicos, concentrados na região sul e sudeste do país.

Já em dezembro de 1945 ocorrem as primeiras eleições para presidente da república em mais de dez anos. É a primeira vez que os comunistas do PCB se apresentam de maneira legal no processo eleitoral, com a candidatura de Yedo Fiúza. A direita liberal, organizada na UDN, lançou o brigadeiro Eduardo Gomes. É eleito presidente o ministro da guerra de Getúlio, o general Eurico Gaspar Dutra, com os grupos getulistas organizados em dois partidos coligados: o Partido Social Democrata (PSD) e o Partido Trabalhista Brasileiro (PTB). Era uma eleição em que o direito ao voto ainda estava proibido aos analfabetos, o que excluía grande parte dos trabalhadores, mas ainda assim os comunistas obtiveram 10% da votação presidencial demonstrando o grande prestígio conquistado após a derrota dos nazistas. Apenas no estado de Pernambuco, o PCB elegeu 3 dos 15 deputados de sua bancada federal. O novo congresso eleito foi, ao mesmo tempo, uma assembleia constituinte que promulgou a nova constituição de 1946, restabelecendo direitos políticos e, em grande medida, a liberdade de expressão e reunião.

É nesse contexto de abertura política que os intelectuais da cidade vão se encontrar com a cantoria de viola, revalorizar a poesia de repente e começar a romper com o elitismo e o preconceito que havia contra esses poetas das regiões rurais do nordeste brasileiro. Em Recife, Ariano Suassuna rompe primeiramente o estigma, realizando uma cantoria de viola como evento oficial no Teatro Santa Izabel.

Rogaciano Leite, pernambucano de Itapetim, um dos maiores poetas da literatura nacional, havia fixado residência no Ceará trabalhando como jornalista em busca de viver uma grande paixão. É a ele quem cabe o papel mais importante: o de realizar o primeiro congresso de cantadores repentistas, no Teatro José de Alencar, em Fortaleza. Ninguém melhor que o próprio Rogaciano para descrever, em um artigo publicado no jornal Diário de Pernambuco em 30 de maio de 1948, os eventos do congresso. Ele diz:

em Fortaleza, conseguimos realizar um Congresso de Cantadores ao qual compareceram mais de 20 dos nossos melhores violeiros. O Teatro José de Alencar ficou repleto. Era um grande e original torneio. Os cantadores subiram ao palco sem o menor acanhamento. Uns de óculos, outros cegos, outros vestidos de "finos ternos de borracha" — a roupa mais granfina — dizem eles.

Depois de nossa ligeira apresentação, ouviu-se o som das violas entoando seu "baião" característico. O comércio local havia instituído valiosos prêmios para os melhores repentistas. A assistência vibrava, ansiosa. Cada violeiro desejava ganhar a coroa de louros do primeiro prêmio.

Zé Batista (pernambucano) e Vicente Grangeiro (alagoano) abriram a cena. Tiraram repentes alusivos ao sertão e à capital. Mas o povo queria ouvir era o desafio "brabo", os insultos picantes. E eles não tardaram; fecharam a carranca, agitaram o "baião" e entraram a proferir motejos, desaforos e bravatas terríveis. Conseguimos taquigrafar quase todos os desafios. Após longa teima de Siqueira e Domingos, aparecem o célebre Cego Aderaldo (de Quixadá) e Otacílio Batista (de São José do Egito). Ambos de voz tonitruante, entraram em contenda. Otacílio criticou, de início, a boca desconforme do cego.

Otacílio:

> A tua boca é tão grande
> que causa admiração.
> A gente olhando por ela
> vê até seu coração,
> e se procurar direito
> avista a China e o Japão.

Aderaldo na sua linguagem grotesca e picante, revidou:

> Tu fala da minha boca
> mas não convém falá dela,
> que a tua também é grande
> que parece uma cancela.
> Se tu num tivé cuidado
> tu breve cai dentro dela.

Vem depois o "martelo agalopado". Aderaldo começa o insulto:

> Danei-me uma certa ocasião,
> fiz o vento perder o seu açoite.
> Fiz o sol se pôr à meia-noite,
> fiz o dia ficar na escuridão.
> Já corri escanchado num trovão,
> um corisco me viu e se escondeu,
> um raio ia descendo e não desceu,
> contei todas as estrelas num segundo,
> já botei quatro rodas nesses mundo,
> mandei a terra correr, ela correu.

Otacílio:

> Na cabeça uma vez botei um gorro,
> transportei vinte e três canhões de guerra.
> Dei um chute na base de uma serra
> que são pedro no céu pediu socorro.
> Fiz um gato casar-se com um cachorro,
> transformei uma velha num rapaz.
> Virei o lado da frente para trás,
> fiz um santo no céu viver do jogo.
> De uma pedra de gelo fiz um fogo,
> que diabo me falta fazer mais?

Cego Aderaldo:

> Esse moço é metido a muito bom
> porém tem um costume desgraçado:
> pinta as unhas de esmalte arredondado,
> gosta muito que o chamem de nenen.
> Não se importa de andar sem um vintém,
> usa ruge e cabelo cacheado.
> É bonito mimoso e requebrado
> mas não fala em casar-se com ninguém.

Otacílio, com raiva:

> Este cego tinha uma namorada,
> mas o pai não queria o casamento.
> E então nasceu grande impedimento
> numa tal amizade acanalhada.
> A mocinha vivia aperriada,

mas o cego uma noite disse a ela:
às dez horas vou vê-la na janela.
E na hora marcada pro ensejo
ele foi se lambendo por um beijo,
mas beijou foi a barba do pai dela.

Depois dessa surpreendente dupla vieram ainda Raimundo Simplício, Cego Zuquinha, Jeca de Meneses, Silva Rufino e outros que cantaram na noite seguinte, com maior assistência.

O congresso dos cantadores foi um espetáculo inédito no Ceará e no Brasil. Os violeiros improvisaram sob todos os aspectos, ora em desafios rudes, como vimos, ora em estrofes delicadas, interpretando ou descrevendo a beleza das noites mágicas do sertão. O primeiro prêmio foi conferido à dupla Otacílio Batista-Cego Aderaldo.

A vitória no primeiro congresso de cantadores, duplado com o Cego Aderaldo, repentista que era muito admirado por Rogaciano, deu uma enorme projeção à carreira de Otacílio que estava então na flor da idade, com 25 anos. Aclamado, Otacílio passou a ser muito requisitado em cantorias por quase todo o nordeste. Fez logo com Dimas um recorrido pelo interior do Ceará, período em que este vai conhecer sua esposa, Judite Gadelha, e se estabelecer na região do Vale do Jaguaribe. A vida de Otacílio como artista era aproveitar ao máximo o dinheiro da cantoria em bebedeiras e no jogo em cassinos. Sem residência fixa, vivia em cabarés e hotéis. Muito alto, branco e bem vestido era considerado um galã pelas moças.

Rogaciano ainda vai se esforçar para promover, em 1948, o segundo congresso de cantadores, agora em Recife, no Teatro Santa Izabel. O recém-eleito governador Barbosa Lima Sobrinho, jornalista e intelectual progressista, fornece o apoio necessário. Otacílio mais uma vez é um dos participantes a brilhar no congresso.

O sucesso provocado pelos dois congressos desperta a curiosidade da intelectualidade do "sul do país". Na capital federal, Rio de Janeiro, e no centro econômico em ascensão, São Paulo, as autoridades e artistas querem conhecer os poetas que criam de improviso provocando o riso e a admiração. Viajar de Recife ao Rio de Janeiro naquele período ainda não era algo trivial. Sem aviões de carreira e com péssimas condições de via terrestre, a forma menos difícil era a navegação marítima. O jornalista Edmundo Celso (comunista e militante do PCB) — juntamente com os também jornalistas Júlio Barbosa e Silvino Lopes — tomou a iniciativa de organizar a comitiva que foi composta pelos três irmãos Batistas, Severino Pinto e o cantador Agostinho Lopes dos Santos. O Diário de Pernambuco anunciou que "na capital do país os cantadores serão apresentados no Jóquei Clube Brasileiro, na ABI, para autoridades e literatos, bem como nas estações de rádio e nos teatros para o grande público que entrará em contato diretamente com os nossos vates populares." A turnê incluiu também apresentações para o presidente, Eurico Gaspar Dutra, e para o governador de São Paulo, Adhemar de Barros.

Antes de embarcar no navio Itanagé, de partida para o Rio, Agostinho dos Santos disse:

> Vai Dimas que canta e glosa
> seus versos cheios de encantos.
> Lourival e Pinto velho,
> conhecidos em vários cantos.
> Vai Otacílio Batista
> E Agostinho Lopes dos Santos.
>
> Vamos aludir os recantos
> com o Edmundo na frente.
> Com o senhor Silvino Lopes,
> figura muito excelente.
> Vamos mostrar lá no Rio
> como se canta repente.
>
> O Pinto é bem competente,
> companheiro de Marinho.
> Até hoje na viola

tem garantido seu pinho.
Cantador que cantar com ele
Juro que não está sozinho.

Lourival e Agostinho,
cada qual é violeiro.
E Otacílio Batista
que é o seu companheiro.
E eu que sou conhecido
no nordeste brasileiro.

Ao chegar no Rio de Janeiro, uma disputa pelo controle das agendas e da produção dos cantadores dividiu o grupo. Agostinho Lopes juntou-se a Rogaciano Leite, que à época era produtor do Cego Aderaldo, ambos já residindo na capital federal. Os Batista e Severino Pinto seguiram assessorados por Edmundo Celso.

A revista *O Cruzeiro* de 25 de junho de 1949 deu várias páginas de cobertura para a cantoria realizada na casa do advogado potiguar Nehemias Gueiros. O jornalista José Leal da Silva é quem diz que "Otacílio (...) tem os olhos azuis, o sangue à flor da pele. É um rapaz desengonçado, sujeito bom na viola, no repente, no murro e na rasteira. É dono de uma espantosa agilidade no manejar dos versos e tem uma voz maravilhosa". Houve também uma cantoria na casa do ministro de Dutra, o recifense João Alberto Lins de Barros. Ex-militar, João Alberto de Barros havia lutado na Coluna Prestes. Certa vez, quando a Coluna passava pela Paraíba, João Alberto era responsável por recolher animais para suprir as necessidades dos guerrilheiros e acabou levando todos os burros da propriedade de um cunhado de Pinto. Dirigindo-se a João Alberto, Pinto disse:

> Seu Ministro me desculpe
> se vou ser mal-educado,
> mas vim aqui perguntar
> e não pra ser perguntado.
> Por favor, me dê notícias
> dos burros do meu cunhado.

João Alberto riu e prometeu pagar a passagem de volta dos quatro cantadores para o nordeste de avião, em compensação pela dívida dos burros.

Todos os quatro cantadores foram muito aclamados em sua passagem pelo sudeste, mas foi a capacidade intelectual de Dimas a que mais impactou poetas como Carlos Drummond de Andrade e Joaquim Cardoso. Estes se juntaram para dar a Dimas uma viola nova com uma inscrição em ouro onde se podia ler: *príncipe dos poetas repentistas*.

Capítulo 7
Irrigando os corações do vale jaguaribano[1]

HÁ NO NORDESTE UMA OUTRA REGIÃO DE VALE, tão encantada pela poesia quanto é o Vale do Pajeú. É banhada pelo rio das onças, em tupi, o *Jaguaribe*. Este é o maior curso de água do estado do Ceará, com muitos afluentes e braços indo desembocar diretamente no Atlântico. Em uma seca forte, alguns desses braços podem desaparecer, fazendo do Jaguaribe o "maior rio seco do mundo". Não à toa, a chave para a solução do abastecimento de água na região costuma passar pelo rio que conta com dois açudes: um que fica na cidade de Orós (CE); e outro conhecido como Castanhão, na cidade de Jaguaribara (CE).

As onças dos povos indígenas não só fizeram nascer grandes poetas na região como também, com sua beleza, atraíram cantadores repentistas que lá se radicaram. A tradição do repente entende que o cantador só é provado, só é passado na casca do alho como diz o ditado, quando canta no Vale do Jaguaribe.

Os primeiros cantadores da região vieram do estado vizinho do Rio Grande do Norte, como Hercílio Pinheiro, natural de Luís Gomes (RN). O potiguar Hercílio e o pernambucano Dimas Batista protagonizaram em Tabuleiro do Norte, no Vale do Jaguaribe, alguns dos maiores embates em cantoria que estão registrados na história do repente. Certa vez, em dura peleja, Dimas provocou Hercílio:

> O que eu fizer num minuto,
> você num ano não faz.

---

1. Verso do cantador Raimundo Caetano.

Hercílio foi fulminante na resposta:

Você tem razão demais,
porque nasceu desumano.
Mesmo este é o costume
do povo pernambucano:
fala a verdade um minuto
e mente o resto do ano.

Uma palmeira do nordeste brasileiro, fator de origem natural, vai se juntar às consequências econômicas da Segunda Guerra Mundial para produzir efeitos que vão mudar a história da região do Vale do Jaguaribe. É a *Copernicia prunifera,* palmeira conhecida pelos povos indígenas como a árvore que arranha, a *carnaúba*, por conta da camada de espinhos que cobre a parte inferior do caule.

A Carnaúba é uma das mais belas árvores da paisagem do nordeste brasileiro. Ela resiste e se impõe majestosamente seja na aridez, nas inundações, estiagens e na sequidão, mantendo os seus ciclos de nascimento e crescimento de 10 a 15 anos e vivendo até os 200 anos. É uma planta que nasce em solos arenosos, alagadiços, em várzeas ou nas margens dos rios. O tom das folhas é verde, levemente azulado, em virtude da cobertura da cera. Esta cera natural é uma proteção da carnaúba para evitar a perda de água, tornando a planta melhor adaptada às regiões secas, como a caatinga.

A partir dessa cera natural pode-se produzir papel, batom, verniz, sabonete, discos de vinil e muitos outros itens úteis da chamada vida moderna. A cera é retirada manualmente. As folhas são cortadas, passam por um processo de secagem ao sol e a película vira um pó, sendo depois batida para ser separada da palha. Depois de levada ao fogo, junto com água, vira uma calda da qual se obtém a cera líquida. Oscar D'alva[2] afirma que:

A utilização da cera de carnaúba para a produção de velas remonta ao século 18. A partir da segunda metade do século 19, a descoberta de novas utilizações para o produto intensificou a exportação e propiciou o desenvolvimento de atividades extrativistas, agroindustriais e comerciais de grande relevância econômica para o Estado do Ceará. Até a primeira metade do século 20, a cera de carnaúba foi um produto extremamente valorizado e contribuiu para o enriquecimento de exportadores e elites regionais, que se beneficiaram da concentração fundiária e acumularam capital mediante o comércio e o consórcio gado-algodão-carnaúba, amparados na exploração de trabalhadores sem-terra e minifundistas.

Durante a Segunda Guerra Mundial (1937 a 1945), a entrada da cera de carnaúba na lista de produtos essenciais ao esforço de guerra provocou uma valorização extraordinária dos preços do produto. O volume de exportação saiu do patamar de 6.000 ton/ano anterior ao conflito e alcançou 11.766 toneladas em 1941, enquanto os preços médios de exportação aumentaram em mais de 100%, de US$ 7,00/kg para US$17/kg. Apesar de valorizados durante a guerra, os preços foram controlados pelo *Office of Price Administration* que fixava o preço máximo dos produtos que faziam parte dos Acordos de Washington, firmados entre os Estados Unidos e os países aliados. Logo após a Segunda Guerra Mundial, os preços da cera de carnaúba subiram a níveis astronômicos e, embora passassem a assumir a partir de então uma tendência de queda, durante as décadas de 1940 e 1950 a cera de carnaúba foi o produto mais valioso da economia cearense e fez a fortuna de proprietários de carnaubais e exportadores.

O jornalista Fenelon Almeida lamentou nas páginas do jornal *O Povo*, em 31 de maio de 1979, o fim da época de ouro da cera de carnaúba:

No decorrer das décadas de 1940 e 1950, a cera de carnaúba, sem sombra de dúvida, era o produto mais ponderável e mais poderoso da economia cearense. Naquele tempo, que os mais velhos proprie-

---

2. D'ALVA, Oscar Arruda. *O extrativismo da carnaúba no Ceará*. 2004. 193 f. Dissertação (Mestrado). Curso de Desenvolvimento e Meio Ambiente, Universidade Federal do Ceará. Fortaleza: CE, 2004.

tários ou arrendatários recordam com saudade, quem possuía uma propriedade de carnaúbas era considerado um potentado, um marajá da Índia ou um desses risonhos donos de poços petrolíferos de algum emirado árabe. É bom que se diga aqui: naquela época, uma arroba de cera, vendida ao bom preço de 50 mil réis, dava para comprar um boi gordo de 12 arrobas. Hoje, para adquirir um boi desse tipo, seriam necessárias 15 arrobas do produto.

O Vale do Jaguaribe e, especialmente, a localidade de Tabuleiro do Norte, antiga vila do município de Limoeiro do Norte, alçada à condição de cidade no ano de 1958, foi um dos mais importantes polos produtores de cera de carnaúba. Tabuleiro era ainda um movimentado cruzamento da Estrada Geral do Jaguaribe, onde passavam as boiadas do sul cearense e do Rio Grande do Norte para a cidade de Aracati, com produtos para as fazendas de boi. O desenvolvimento urbano ocorreu em torno da capela de Nossa Senhora da Conceição, construída entre de 1765 a 1770.

Todo esse ambiente de acelerado crescimento econômico cria as condições propícias para uma profunda mudança também no ambiente da cantoria de repente. Na região do Jaguaribe vai surgir um pujante comércio, uma sociedade civil ativa com instituições educacionais, estações de rádio e teatros. Já em 1956, o radialista Antonio Nunes de França vai implantar um programa de rádio permanente apenas com cantoria: o *Violas e Violeiros*, da Rádio Vale do Jaguaribe, até hoje no ar. É aqui que Otacílio, pela primeira vez, enxerga a possibilidade de implantar a cantoria paga por um cachê e não apenas através da bandeja. A profissionalização da atividade do cantador-repentista dava um passo adiante. É Diassis Pinheiro, sobrinho do cantador Hercílio Pinheiro quem afirma:

na década de 40 e 50, com o apogeu da cera de carnaúba aqui na região, corria muito dinheiro. Era uma região de recursos financeiros e os proprietários da carnaúba eram homens que passavam o verão todinho oferecendo trabalho ao pessoal, era um pessoal que tinha dinheiro. Os proprietários faziam as cantorias e os trabalhadores tinham dinheiro para ir às cantorias e pagar a entrada. Então aqui foi que iniciou a cantoria paga.

~

Dimas foi o primeiro dos Batista a fixar residência no Vale do Jaguaribe. Casado com Judite Gadelha, tornou-se um próspero comerciante na região de Tabuleiro do Norte, dedicando-se também à formação acadêmica. Na viagem que fizeram ao Rio de Janeiro e São Paulo, com Otacílio já prestes a completar 26 anos de idade, conversaram muito de que era chegada a hora de abandonar a vida desregrada e boêmia, arrumar residência fixa e se casar. E o melhor local para isso não podia ser outro que o Vale do Jaguaribe, lugar onde o dinheiro estava correndo e era possível viver melhor. De volta ao nordeste, Dimas organizou uma série de cantorias na região e convidou Otacílio para ficar em sua casa. Muito prático, Otacílio chega a Tabuleiro decidido a encontrar uma esposa.

Em abril de 1948, havia fixado residência na vila de Tabuleiro, vinda da cidade de Limoeiro do Norte, uma nova professorinha do primário. Solteira, a normalista fixou residência na casa de parentes, lecionando nas escolas reunidas de Ibicuipeba. Já com vinte anos de idade, Rosina Hélia de Freitas portava-se de maneira destemida naquela sociedade patriarcal, organizando ativamente a vida comunitária, as festas religiosas e os eventos sociais. Vinha de uma importante e numerosa família da região do Jaguaribe, filha de Luís Alves de Freitas e da conhecida matriarca Maria José, minifundistas produtores de carnaúba, donos do sítio Limoeiro e do sítio Botão. A própria Rosina havia trabalhado grande parte da juventude e da infância cortando e secando as folhas da carnaúba no negócio familiar, até decidir estudar e se tornar professora.

A chegada da professorinha foi motivo de muitos comentários na cidade de Tabuleiro do Norte. Sua vida, hábitos e condição de solteira despertavam a curiosidade. Era dezembro de 1949 quando Otacílio estava em frente à casa de Dimas, e Rosina passou caminhando pelo lado oposto da rua. Possivelmente, Rosina já o tinha visto em alguma cantoria de repente. Foi Judite quem chamou a atenção:

— Otacílio, ali quem vai passando é Rosina, a nova professorinha da cidade. Você conhece?

Olhando de longe, Otacílio respondeu:

— Conheço não, mas vai ser com ela que eu vou me casar.

A frase não pareceu nada absurda na cabeça de Otacílio. No fim do dia ele esperou Rosina terminar seu turno de trabalho e se apresentou a ela na saída da escola:

— Meu nome é Otacílio Batista, sou cantador-repentista, e vim me apresentar porque eu quero me casar com você.

É evidente que aquela atitude nada sutil assustou a professorinha Rosina. Mas Otacílio insistiu, se apresentou à família, pediu que Judite intercedesse, e já em fevereiro de 1950, antes do carnaval daquele ano, as bodas estavam sendo celebradas na igreja matriz de Limoeiro. Desde então, Rosina passou a ser chamada por *Rosina Freitas Patriota*. No aniversário de dez anos de casamento, Otacílio escreveu este soneto:

> Foi em mil novecentos e cinquenta,
> dezessete do mês de fevereiro.
> No altar da matriz de Limoeiro
> quando o padre dizia de voz lenta.
>
> Ao jogar sobre nós a água benta,
> leva gosto em casar? eu respondia:
> e a mesma resposta ela dizia.
> Felizes vivemos até sessenta.

Celebramos dez anos de união.
Nos proteja, Jesus, lá da mansão,
amparando seis filhos, seis anjinhos.

Que esta data feliz se reproduza.
Que o mundo sem luz não nos seduza,
e morramos velhinhos, bem velhinhos.

    A verdade é que o matrimônio não mudou de maneira significativa o estilo de vida de Otacílio. Com o dinheiro dos presentes de casamento e o que foi acumulado nas cantorias, Otacílio e Rosina compraram uma casa em Tabuleiro. Logo que a primeira filha do casal — Lêda Patriota — nasceu, Otacílio cansou da vida familiar e botou o pé no mundo realizando cantorias, voltando para casa poucas vezes. Rosina ficou administrando a residência, cuidando da filha recém-nascida e ainda dando aulas como professora para garantir a renda familiar. Durante toda a sua vida ela cumprirá esse papel fundamental de sustentar a vida doméstica para que Otacílio pudesse realizar sua carreira de artista.

    Neste período, a comunicação entre os dois dava-se principalmente por meio de telegramas. Pelos correios também chegava o dinheiro que completava o orçamento doméstico, uma vez que o salário de professora de Rosina não era suficiente para tantos filhos. Era comum que Rosina enviasse um telegrama para alguma rádio onde Otacílio estava trabalhando com o texto:

— Recebi dinheiro PT mande mais.

    Pesava ainda a inclinação de Otacílio pela vida boêmia, pelo jogo de carteado apostado, pela raparigagem e a bebedeira nos cabarés. Para quem é cantador, esses são lugares privilegiados, já que toda a despesa com bebida, jogo e mulher podia ser paga com verso de improviso. No final, saía barato e ainda era possível tirar algum lucro. A volta para casa acabava sempre em briga e discussão, já que Otacílio muitas vezes voltava com pouco dinheiro para suprir as despesas do lar. As broncas de Rosina, o passar dos anos e o nascimento de mais quatro filhos foram tratando de amadurecer Otacílio, que vai aos poucos cansando da boêmia e se tornando um pouco mais comprometido com a família.

Em 1956, Otacílio sofre muito com o falecimento de sua mãe Severina que, muito adoentada, vinha sendo cuidada pelas filhas em Itapetim e, por efeito da depressão, já se recusava até mesmo a comer. Com poesia, ele busca elaborar a dor, versando sobre o mote *morreu no mês de maria/ a mãe dos três cantadores:*

> Ela não tinha ambição
> nem mesmo para viver.
> Sabia compreender
> as coisas com perfeição.
> Dentro do seu coração
> fez do amor os seus amores.
> Deus, o autor dos autores
> chamou-a naquele dia.
> *Morreu no mês de Maria*
> *a mãe dos três cantadores.*
>
> Quando a notícia vagou
> do seu triste passamento
> a musa do sentimento
> em vez de cantar, chorou.
> A família se enlutou
> na veste dos dissabores.
> Na capela dos amores
> a voz do sino dizia:
> *morreu no mês de Maria*
> *a mãe dos três cantadores*

É o período de uma importante mudança política no Vale do Jaguaribe. A diminuição da exportação da cera de carnaúba vai provocar um declínio do nível de vida na região e a elite econômica que havia se formado começa a pressionar os governos por políticas públicas que respondam a essa nova situação, em um contexto de grave crise política que resulta no suicídio de Getúlio Vargas e na eleição de Juscelino Kubitschek. A primeira dessas respostas é a emancipação política de Tabuleiro do Norte, alçada à condição de cidade no ano de 1958. Surgem assim na antiga vila uma série de funções públicas que precisam ser ocupadas pelos conhecidos "homens de bem" da nova cidade. Rosina convence Otacílio a assumir, na condição de ex-soldado, a indicação para ser delegado de polícia, função que o tornaria mais ocupado e presente na cidade.

Uma vez, Otacílio recebeu de Rosina o dinheiro para fazer a feira do mês e no caminho parou para jogar carteado apostado, perdendo o pagamento da feira na aposta. Na condição de delegado e alegando que havia sido roubado na distribuição das cartas, Otacílio sacou seu 38 e atirou nos grandes potes de barro que eram usados como latrina de mijo na casa de aposta. Houve grande reboliço e acabaram devolvendo o dinheiro do delegado. A valentia de Otacílio não ia muito além de atirar contra os potes de mijo.

Outra resposta do poder público para, de alguma maneira, tentar devolver a riqueza que foi gerada durante anos na região foi a construção de um açude na cidade de Orós, a 180 km de Tabuleiro do Norte, obra iniciada já no ano de 1958 pelo governo de Juscelino Kubitschek. Essas grandes barragens eram, e em muitos casos ainda são, a principal estratégia para lidar com a seca e a falta de abastecimento de água no nordeste brasileiro. Também se inseriram no contexto das grandes obras com as quais Juscelino pretendia desenvolver o Brasil, como a construção de Brasília e outras mais.

Quando a barragem estava há dois anos em construção, em março de 1960, ocorreram fortes chuvas que causaram o arrombamento do açude, provocando alagamentos em toda a região. Milhares de pessoas ficaram ilhadas e pela primeira vez foram usados helicópteros para o resgate de vítimas. Otacílio não se encontrava na região e Rosina teve que fugir às pressas com seus filhos, teve a casa inundada e foi se refugiar com familiares em Limoeiro. jk aumentou então o investimento nas obras do açude e entregou a construção pronta em 11 de janeiro de 1961, vinte dias antes do fim do seu mandato. Como forma de se desculpar com a população, compareceu pessoalmente à cerimônia de inauguração. Entre o povo do Ceará, circulava de boca em boca um sete pés de autoria desconhecida:

> Juscelino Kubitschek,
> ajudar ele aqui veio.
> É homem de decisão,
> pra agir não tem receio.
> Mas dotô, mude esse nome,
> faça o cheque e mate a fome,
> que de cu já tamo cheio.

~

As eleições de 1960 já indicavam um novo período de grande turbulência em um país acostumado às viradas de mesa na política. O trauma do suicídio de Getúlio Vargas ainda não havia sido devidamente superado e a ameaça de golpes e intervenções militares era permanente. A eleição do desconhecido Jânio Quadros, através do também desconhecido Partido Trabalhista Nacional (ptn), era um sintoma da confusão que estava prenunciada. Quando Jânio Quadros renuncia, com menos de um ano de mandato, seu vice que fora eleito em chapa separada, João Goulart, assume após um amplo processo de mobilização popular. As eleições de 1962 se transformam então em um momento de validação da liderança do novo presidente, que até o momento governava com poucos poderes, em regime parlamentarista.

Essa crescente polarização política se expressa a seu modo também em Tabuleiro do Norte e Otacílio decide entrar na política, tornando-se presidente da segunda legislatura da Câmara de vereadores da cidade, eleito pelo psd.

Os cargos de vereador e presidente da câmara eram, por aquela época, mais honoríficos que outra coisa e não davam direito a altos salários, assessores ou regalias. Para Otacílio era, muito mais, o momento de demonstrar maturidade e utilizar do seu prestígio pessoal para alcançar algum progresso para sua comunidade. Mas não demorou muito para perceber que estava pondo a mão em cumbuca, e o cargo político será uma posição que ele nunca mais vai buscar ocupar.

Quando se realiza o referendo geral, em janeiro de 1963, que restabelece o regime presidencialista com mais de 70% dos votos, João Goulart emerge com toda força de um presidente aclamado pelo povo. Os políticos reacionários da antiga UDN, fortemente articulados no interior das forças armadas, apoiados e financiados pelo Departamento de Estado dos EUA e por grandes especuladores nacionais e estrangeiros, desistem de qualquer validação democrática e passam a preparar e apostar unicamente em um golpe militar, direcionando todos os esforços e recursos para este objetivo. Goulart falha em mobilizar a classe trabalhadora em defesa das reformas de base e da transformação das velhas estruturas coloniais e desiguais do Brasil, e o golpe efetivamente ocorre em primeiro de abril de 1964. Quatorze dias depois do golpe militar, a câmara de Tabuleiro do Norte se reúne e aprova seu primeiro requerimento do ano. Seja por medo de perseguição ou por concordância política, o documento foi assinado por todos os vereadores, inclusive pelo presidente da casa, Otacílio:

os vereadores infra assinados, no uso de suas atribuições legais, requerem a V. Excia., ouvido o plenário, se digne telegrafar ao Exmo. Sr. General Humberto de Alencar Castelo Branco, felicitando-o em nome desta Câmara Municipal, aquele ilustre militar, pela sua assunção à Chefia da Nação. Requerem, outrossim, seja telegrafado ao Exmo. Coronel Aloísio Brígido Borba, pela brilhante vitória da revolução democrática que culminou com a deposição do Sr. João Belquior Marques Goulart, da Presidência da República dos Estados Unidos do Brasil, hipotecando ao mesmo tempo a este insigne militar a nossa irrestrita e incondicional solidariedade extensiva aos seus ilustres comandados.

O clima de repressão política e o fechamento do regime vão evoluindo na medida em que uma série de reveses ocorrem na vida doméstica. Já eram nove filhos que Rosina e Otacílio tinham a tarefa de alimentar, vestir, cuidar da saúde e educar, em uma região com poucas escolas e equipamentos de saúde. A filha mais velha, Lêda, despontando na adolescência, dava sinais incomuns de rebeldia e desajuste que mais tarde vão requerer cuidados psiquiátricos. A morte do patriarca da família de Rosina, Luís Alves de Freitas, em 1962, abre uma certa disputa pela pequena herança da família, que só vai se acertar em dezembro de 1964. Rosina preocupava-se, especialmente, que os filhos pudessem ter acesso à educação formal, pudessem cursar a faculdade e acessar bons empregos.

Em 1965, Loângela, uma das filhas de Otacílio, então com quatro anos de idade, ficou muito doente em função de um surto local de meningite e veio a falecer. É uma morte muito dolorosa para toda a família. Otacílio sente-se especialmente culpado por não estar presente para assistir a filha e a esposa neste momento. Nesse época, versando sobre o mote *a gente leva da vida/ a vida que a gente leva,* Otacílio disse:

> Um adeus por despedida,
> uma lembrança qualquer.
> A saudade da mulher
> *a gente leva da vida.*
> Numa vida mal vivida
> o homem não se eleva.
> Sou filho de Adão e Eva,
> por isso não me alvoroço.
> Aproveito o quanto posso
> *a vida que a gente leva.*

> Cabaré, jogo e bebida,
> quem neles se precipita,
> essa trindade maldita
> *a gente leva da vida.*
> Deixando a luz pela treva
> quem a saúde liquida,
> Amor, virtude e reserva
> são destruídos no lar.
> Não vale a pena levar
> *a vida que a gente leva.*

É a partir da morte de Loângela que Otacílio vai buscar mudar a relação com a família, parar de fumar, diminuir a bebedeira, a presença nos cassinos e se tornar mais presente no ambiente doméstico. É nesse período que Rosina faz uma promessa para Santo Antônio, pedindo para que Otacílio deixasse de jogar apostado, beber e fumar. Otacílio fica com o encargo de pagar a promessa e mobilizar os recursos para construir a capela de Santo Antônio, localizada na rodovia CE 266 que corta a cidade. No interior da capela funcionava um curso de alfabetização, apoiado por Rosina e todas as terças-feiras ocorria a paga de Santo Antônio, quando se cantava um hino de autoria de Otacílio:

> Meu Santo Antônio de Pádua
> guiai os nossos caminhos,
> protegei as criancinhas,
> alimentai os velhinhos.
>
> Fostes o pai da pobreza,
> protetor dos desvalidos,
> advogado dos fracos
> e defensor dos oprimidos.
>
> O seu nome era Fernando,
> depois mudastes pra Antônio.

Quisestes vencer no mundo
as tentações do demônio.

Ainda como prova de mudança, Otacílio adquiriu para o uso familiar o mais moderno automóvel Rural Willys, da marca Willys-Overland do Brasil, montadora estadunidense que implantou na cidade de Jaboatão dos Guararapes (PE), em 1966, a primeira fábrica de automóveis no Nordeste. De Recife, com a chave do carro nas mãos, Otacílio telegrafou para Rosina:

— Prepare garagem PT comprei Rural.

Já no início da década de 1970, com Otacílio tendo abandonado totalmente a política e os pais de Rosina tendo falecido, a presença da família em Tabuleiro do Norte passa a perder o sentido. É o período em que grande parte da população das cidades do interior do nordeste começa a se deslocar em massa para viver nas capitais e nos grandes centros urbanos. Um deslocamento tão massivo de gente, mudando completamente a configuração das cidades brasileiras, que foi denominado com um nome bíblico: o êxodo rural. Rosina e Otacílio seguem o mesmo caminho, já que nada mais os ligava ao Vale do Jaguaribe. Em fevereiro de 1972, a família inteira entra no ônibus e se muda para Fortaleza, indo morar no bairro da Varjota, à época um local de moradias populares. Já articulado com os apologistas e promoventes do repente que existiam na capital, como o funcionário da Universidade Federal do Ceará, Francisco Linhares, Otacílio vinha há algum tempo preparando as condições desta mudança, a partir do seu trabalho como apresentador de programas de rádio em João Pessoa, Recife e na própria Fortaleza.

Capítulo 8

É divina a melodia que a voz do Uirapuru tem

A PARTIR DA SEGUNDA METADE DA DÉCADA DE 1950 dois eventos históricos vão atuar conjuntamente contribuindo para mudanças profundas na forma de fazer poesia de repente no Brasil: o êxodo rural e a expansão do rádio.

Em 1959, o economista Celso Furtado, paraibano de Pombal, fazia peregrinação junto às altas cúpulas civis e militares tentando convencer os governantes de que era necessária a implantação de políticas públicas que dessem conta de inverter as disparidades econômicas de nível regional. Ele defendia que o nordeste e o norte do Brasil precisavam de investimentos públicos diferenciados para atingir, ao menos, o mesmo nível de desenvolvimento econômico do sul e sudeste brasileiros. Doutor em economia pela Universidade de Paris, Furtado escreveu o livro *Formação Econômica do Brasil* e demonstrou que antes da Segunda Guerra Mundial o nordeste brasileiro contribuia com 30% Produto Interno Bruto — PIB nacional. Duas décadas depois, essa participação caiu para 11%. A desigualdade econômica regional brasileira estava, cada vez mais, institucionalizada. Longe de ser um acidente de percurso, essa desigualdade passava a ser um projeto.

Cada vez mais sufocada economicamente, sem acesso aos novos empregos gerados pelo impulsionamento da industrialização, a única alternativa para a população nordestina era emigrar, promover uma massivo êxodo em busca de trabalho e melhores condições de vida. O êxodo rural foi um longo processo que teve seu auge entre 1960 e 1980. Nesse período, um total de 27 milhões de pessoas se dirigiram às zonas urbanas do país e lá fixaram residência. Assim como a população nordestina, a poesia de repente também foi obrigada a falar uma nova linguagem e se urbanizar. Essa nova linguagem, falando para comunidades agora desenraizadas e vivendo em um novo ambiente urbano muito mais hostil, era principalmente a língua das ondas do rádio.

É difícil precisar em que momento a cantoria de repente passou a ter uma expressão de maneira regular através de programas de rádio. Sabe-se que já no início da década de 1940, Rogaciano Leite apresentava um programa radiofônico na cidade de Caruaru, mas o que se trata aqui é de encontrar quando teve início uma programação regular que tinha como motivo principal o repentista e sua poesia.

É a pesquisadora Nadja Moura[1] quem afirma que, em 1949, a rádio Cariri em Campina Grande criou o seu primeiro programa de viola, em uma noite de São João, com o nome *No Sertão é Assim*, feito no auditório da própria rádio, às margens do açude do Bodocongó. O programa tinha a duração de 30 minutos e era apresentado pelo radialista José Jatahy, contando com a participação dos cantadores José Alves Sobrinho, João Siqueira de Amorim e Lourival Bandeira. No mesmo ano, surgiu um outro programa de viola em Campina Grande, com o nome *Sertão em Flor*, na rádio Caturité, com locução de José Jatahy e Palmeira Guimarães. José Alves Sobrinho e Manoel Serrador realizavam o programa que recebia a visita de outros cantadores. Em 1950, a rádio Tupy no Rio de Janeiro criou um programa chamado *Onde está o poeta?*. Era uma espécie de reality show competitivo que confrontava repentistas em busca de um "trono".

Em 1951, a rádio Borborema de Campina Grande criou o seu primeiro programa de viola, o *Retalhos do Sertão*, um clássico da cantoria de repente no rádio. Era um programa que começava

---

1. CARVALHO, Nadja de Moura. *A cantoria continua de pé (de parede): estudo sobre a forma de produção da poesia repentista nordestina*. 1991. 144 f. Dissertação (Mestrado). Curso de Sociologia. Universidade Federal da Paraíba, Campina Grande, 1991.

às 8h da manhã e tinha duração de trinta minutos, todos os dias de segunda a sábado. É clássico também o programa *Violas e Violeiros*, criado em 1956 por Antonio Nunes de França na rádio Vale do Jaguaribe, em Limoeiro do Norte, e até hoje no ar, agora com locução de Antonio Fernandes. Outros programas criados na segunda metade da década de 1950 e início da década de 1960 atingiram grande audiência e se tornaram clássicos do gênero, como o *Violeiros do Seridó*, da rádio Rural de Caicó, no Rio Grande do Norte. Como tanajuras que aparecem no quintal depois a chuva, os programas de rádio proliferaram por todo o nordeste: na rádio Educadora do Crato, no Ceará, com João Alexandre; em Cajazeiras, na Paraíba, com Zé Vicente; na Rádio Assunção Cearense, em Fortaleza, um programa que começava às 4h da manhã; em Patos, na Paraíba, com Antônio Américo; Em Iguatu, no Ceará, um programa em horário nobre com Valdeci Bezerra e Chico Crisanto. Sintonizando o rádio em horários certos, era possível acompanhar a programação com cantadores da primeira hora da manhã até o anoitecer nas rádios do nordeste. Em Juazeiro do Norte, havia um programa com Pedro Bandeira e João Alexandre que era tão badalado quanto um programa de televisão. Pedro Bandeira chegou mesmo a montar um auditório em sua própria casa para fazer a transmissão, cobrando ingresso de quem quisesse entrar para assistir ao vivo.

 O uso do aparelho de rádio se alastrava conforme a eletrificação do meio rural também crescia. Com a chegada da luz elétrica em muitas cidades onde esse fornecimento antes nunca havia existido, era possível não depender de pilhas e utilizar o rádio de maneira mais intensiva.

 O rádio transmitia as vozes da cantoria para o grande público. Os convites chegavam através de cartas ou pelo contato direto entre contratante e contratado, nas próprias emissoras de rádio onde esses repentistas trabalhavam ou na feira da cidade onde residiam. As cantorias também eram um ambiente de agendamento de novos tratos. Nos programas, os repentistas mostravam o seu trabalho, atendiam pedidos (que eram pagos pelos ouvintes), divulgavam a agenda de cantorias, passavam avisos (também pagos) e geralmente mencionavam nomes dos principais apologistas. Não eram todos os repentistas que cantavam em programas de rádio. Como sempre, os espaços mais nobres eram ocupados por poucos, os mais consagrados entre si e pelos apologistas. Para os ouvintes, ter o seu nome citado nos programas de rádio era motivo de status, assim como era para o repentista cantar no rádio.

No primeiro momento, Otacílio viu com desconfiança a possibilidade de fazer poesia de repente em um programa de rádio. É que o roteiro dos programas, a necessidade de agradar os patrocinadores e o curto tempo dedicado à poesia (os programas tinham no máximo uma hora) não favoreciam o improviso. A poesia de repente precisa sempre de um período de silêncio, momento em que as violas ressoam para que o cantador possa formular os versos, e o silêncio dos locutores não é aceitável em um programa de rádio. Os cantadores mais velhos começaram a denunciar que tinha gente cantando balaio no rádio e que os programas não eram a poesia de repente verdadeira. Para Otacílio, por ser um cantador mais conhecido, era mais vantajoso investir nas cantorias realizadas por promoventes, que agora estavam sendo pagas por cachê e não mais pela bandeja, o que tornava a atividade mais lucrativa. Ele até aceitava fazer uma participação em algum programa, a convite de um locutor, mas evitava se comprometer como âncora de um programa fixo.

Nestes primeiros tempos, havia também muitas restrições e até mesmo censura à livre expressão dos cantadores em alguns programas de rádio. Ainda segundo Nadja Moura, o *Noites Matutas*, um programa criado em 1953 e apresentado na Rádio Clube de Pernambuco pelo radialista Aldemar Paiva é um exemplo disso. O programa foi oferecido à dupla José Alves Sobrinho e Agostinho Lopes, mas a emissora não permitia que os cantadores anunciassem suas cantorias e as promoções de eventos só eram permitidas quando anunciadas pelo locutor. Também não era permitido falar de política, religião e nem dizer as chamadas "obscenidades", os versos picantes e cômicos que são típicos da poesia de repente. Segundo Sobrinho, o programa era tão moralista que o arcebispo de Recife e Olinda, Dom Antonio Moraes Junior, foi pessoalmente à rádio parabenizar os cantadores pela condução.

A partir da segunda metade da década de 1950, a presença do rádio nas residências da população do nordeste brasileiro já era massiva. O preço do aparelho foi reduzido e havia poucas restrições físicas à propagação das faixas radiofônicas, que atingiam uma extensão maior até do que a atual. Muitas famílias passaram a conhecer as notícias e consumir cultura principalmente através do rádio.

Esse crescimento começou a impactar a escolha dos promoventes pela realização de cantorias. Por essa época, o cantador potiguar Eliseu Ventania, juntamente com João Liberalino, fazia um programa fixo na Rádio Difusora da cidade de Mossoró, no Rio Grande do Norte, distante apenas 100 km de Limoeiro do Norte, no Ceará. Ventania já tinha revolucionado a arte da cantoria criando um gênero poético-musical que, no início, foi visto com muito desdém pelos cantadores, mas que atualmente é parte obrigatória de toda cantoria de repente: a canção.

A criação da canção é, sem dúvida, um marco na história da poesia popular. A canção consiste em uma poesia criada com a métrica e a rima que são próprias da poesia de repente, mas que é declamada com o acompanhamento de uma viola, quase sempre dedilhada, ou ponteada como se dizia, de maneira que a poesia soe como se fosse efetivamente cantada. O mote dos versos muitas vezes cumpre as vezes de refrão da canção, mas há também lindas canções sem refrão. Eliseu Ventania, o pai da canção, é autor de mais de cem canções, entre elas, *Serenata da Montanha*:

> Eu entrei de mato a dentro,
> quando cheguei bem no centro
> afinei meu violão.

Quando estava em terra estranha,
pedi licença à montanha
e cantei uma canção.

Boa parte dos velhos cantadores criticava os autores de canção. Eles diziam que a canção, por não ser uma poesia criada de improviso, não podia fazer parte da cantoria. Acontece que o público amante da cantoria passou a querer ouvir cada vez mais as canções cantadas no rádio. Nas cantorias, pediam que os cantadores que tinham a voz boa fizessem um intervalo nos baiões de desafio e executassem as canções com o dedilhado das violas. As canções passaram a atrair, também, um maior público feminino para as cantorias, que sempre fora dominada por um público de homens.

O programa de rádio de Ventania e Liberalino passou a fazer grande sucesso em toda a região e a atingir grande público também no Vale do Jaguaribe. Certa vez, um dos principais promoventes de Limoeiro do Norte anunciou uma cantoria com João Liberalino e Eliseu Ventania. Otacílio ficou irritado com o que considerava ser uma perda de território e tentou até o fim demover o promovente de realizar a cantoria. Ofereceu-se para ir no lugar da dupla convidada, sem cachê, pelo dinheiro da bandeja. Tentou também fazer uma outra cantoria concorrente junto a um promovente vizinho, sem sucesso. No dia da cantoria, o local estava lotado, e João e Eliseu cantavam sentados sobre duas cadeiras colocadas em cima de uma grande mesa de madeira, que servia como um palco improvisado. Otacílio apareceu na portaria do evento. De terno branco, muito alto, se destacava entre todos da assistência, imediatamente. Um apologista que estava perto da mesa bateu no pé de João Liberalino que cantava um baião:

— João, olha alí: Otacílio Batista!
— Cadê? Tô vendo, não! — Liberalino se fez de desavisado.

Otacílio passou pelo meio do público e foi até o bar instalado ao lado da cantoria. Seguido por alguns fãs, bebeu uma dose de cachaça, contou uma ou duas histórias, voltou passando em passo lento pela frente da mesa, bem rente onde João e Eliseu estavam cantando, como que marcando território, e foi embora. Naquele dia, Otacílio entendeu que teria que cantar no rádio se não quisesse ser superado pelos novos cantadores que surgiam.

Da disputa pelo lugar de mais famoso cantador no Vale do Jaguaribe surge também uma desavença entre Otacílio e Eliseu Ventania. Contrariado com a força do pai da canção na região, Otacílio escreve uma série de versos satíricos que, pela comicidade e pelo estilo surrealista, valem mais como uma caricatura de homenagem. O mote em sete escolhido foi: *era Eliseu Ventania.*

>Eu estava em minha roça
>ferindo o seio da terra,
>quando vi descendo a serra
>um bicho da cauda grossa.
>Corri para uma palhoça
>onde o bicho não me via.
>Por volta do meio dia
>ele passou bem pertinho.
>Conheci pelo focinho:
>*era Eliseu Ventania.*

>Assim que o bicho passou,
>feio, zambeta e macio,
>foi beber água num rio
>e na mesma hora voltou.
>Numa sombra se deitou,
>roncava e depois gemia.
>Enquanto a fera dormia,
>eu fui olhar novamente.
>Aí vi perfeitamente,
>*era Eliseu Ventania.*

Quando o bicho se acordou
fez um barulho tão feio.
A terra abriu-se ao meio
e uma voz rouca falou:
este que se levantou
junto ao eterno vivia.
Ser mais do que Deus, queria,
por isso ganhou um rabo.
Fiquei sabendo que o diabo
era Eliseu Ventania. (…)

Nojento que só o lixo,
um olho raso, outro fundo.
Até bicho de outro mundo
tinha medo desse bicho.
Fedia mais que o rabicho
da besta da profecia.
Eu não pensava que havia
no mundo tamanha fera.
Mas sabem o bicho quem era?
Era Eliseu Ventania.

Um caçador de veado
que viu o bicho também
disse que o danado tem
dez chifres de cada lado.
Além do corpo chagado,
sofre de epilepsia.
Bateram a fotografia
do bicho dentro do mato.
A prova está no retrato:
era Eliseu Ventania. (…)

Dizem que o bicho nasceu
na seca de oitenta e dois.
Com hora e meia depois,
a mãe do bicho morreu.
Toda praga apareceu,
o mato não se bolia.
Chuva de pedra caía,
decreto de Jesus Cristo.
A culpa de tudo isto
era Eliseu Ventania.

Um cientista mundial
foi o bicho conhecer.
Voltou sem nada saber
da origem do animal.
Só uma lei natural
descrevê-lo poderia.
Ele mesmo não sabia
que animal era aquele.
Eu disse baixinho a ele:
era Eliseu Ventania.

～

Os versos de crítica à Ventania deviam ter sido substituídos por versos de agradecimento pela criação do novo gênero. Dali em diante, Otacílio vai se tornar também um grande compositor de canções, emplacando grandes sucessos e atraindo a atenção das gravadoras. Uma das primeiras canções de Otacílio, muito cantada nas cantorias, ele fez nos oito pés que era sua especialidade, e com verso alexandrino, de 12 sílabas poéticas, bem alongadas. Foi espontaneamente gravada em fitas k7 e distribuída aos montes pelos amantes da cantoria. A canção foi intitulada "Lua Divina":

Lua divina, peregrina e feiticeira,
tão brasileira como não tem outra igual.
Angelical pela sua formosura
e noiva pura dos poetas do sertão.
Não tenho lar, nem esposa, nem carinho,
um só filhinho a quem dê meu coração.
E por viver sem prazer e tão sozinho,
a ti, oh! lua, dediquei esta canção.

Eu quis amar e gozar felicidade,
e só maldade encontrei, mas fiz o bem.
E vendo a lua, essa rainha, assim sozinha,
eu também quis ser feliz sem ter ninguém.
Aqui na terra, tudo erra e não convém
a gente amar e esperar por quem não vem.
É sem virtude e não me ilude o amor terreno
é tão pequeno, e só à lua eu quero bem.

Mulher ingrata que maltrata e não tem pena,
e que condena, do amor, a confiança.
Viva tranquila, oh! Dalila, até o fim,
que, para mim, vi morrer toda esperança.
Eu não pensava que amava, até sofrer
para saber o que era ingratidão.
Não há razão para quem ama sofrer tanto,
se o amor é santo, quando é santo o coração.

Pobre poeta que vegeta no abandono,
um cão sem dono a vagar na escuridão.
Pobre cativo, semi-vivo, sem ter pão,
que há de fazer? Quero vencer, não venço não.
Em meio a rua, vejo a lua, e no relento
meu sofrimento multiplica a minha dor.
E neste pranto num recanto lá na rua,
somente a lua compreende o meu amor.

A voz de Otacílio, muito grave e pronunciando todas as sílabas de maneira alongada e sonora, algo que não era nada comum entre os cantadores, serviu como uma luva para a linguagem da canção e do rádio. Foi desde então que ele ficou conhecido no mundo da cantoria como a "voz do Uirapuru", nome dado a uma família de pássaros cantores, imortalizado no poema sinfônico de Heitor Villa-lobos.

Decidido então a trabalhar no rádio, inicialmente, Otacílio apresentou um programa em Recife, na Rádio Clube. Era um programa com locução do radialista Aldemar Paiva, onde Otacílio duplava com José Alves Sobrinho. Chamava-se *A voz do Sertão*, mas as limitações que a rádio impunha ao anúncio de cantorias fizeram Otacílio abandonar o programa, sendo substituído por Dimas. Em 1955, duplou com Hercílio Pinheiro para apresentar um programa que concorria com Eliseu Ventania em Mossoró, na Rádio Tapuia. Este foi também um programa de curta duração. Em 1956, Otacílio inicia em João Pessoa, na rádio pública Tabajara, o programa que vai apresentar por mais anos seguidos, com alguns curtos intervalos, o *de Repente a Viola*.

Naquele ano, havia assumido como governador da Paraíba um representante da União Democrática Nacional (UDN), o usineiro natural de Pilar (PB), Flávio Ribeiro Coutinho. A proximidade de Otacílio com o poeta José Américo de Almeida, também fundador da UDN, favoreceu em muito sua indicação para o programa, já que a rádio Tabajara pertence ao governo do estado. Inicialmente apresentado com Dimas Batista, Otacílio duplou também no programa com Clodomiro Paes e depois, por um longo tempo, com Oliveira de Panelas.

Mas um acontecimento em Fortaleza vai fazer as filiações políticas de Otacílio migrarem da UDN para o PSD. Em 1958, o empresário Moisés Pimentel funda a rádio AM Dragão do Mar, a última emissora de rádio fundada na "década de ouro" do rádio no Ceará. O nome Dragão do Mar faz referência ao dia da abolição da escravatura no Ceará, em 25 de março de 1884, anterior à abolição no nível federal. A rádio foi montada por iniciativa do Partido Social Democrata (PSD) visando disputar as eleições de 1958. Era uma rádio de oposição ao governador Paulo Sarasate (UDN) e o jornalista José Blanchard Girão foi o responsável por elaborar sua programação até ser eleito deputado estadual (cassado em 1964). Foi Girão quem convidou Otacílio para fazer um programa de repente, iniciando às cinco horas da manhã, hora em que o trabalhador sertanejo, agora vivendo na capital, acordava para trabalhar. Muitas vezes nesse início da década de 1960, Otacílio levava sua filha Leda, que sonhava em ser radialista, para participar do programa. Ter que acordar assim tão cedo tantas vezes fez a menina desistir de trabalhar em rádio.

É trabalhando numa rádio ligada ao PSD que Otacílio vai entrar para a política e eleger-se vereador e presidente da câmara de vereadores de Tabuleiro do Norte, também pelo PSD. O programa na rádio Dragão do Mar será a porta que vai permitir construir as condições para migrar com sua família para Fortaleza, no ano de 1972. É através desse programa de rádio e também das cantorias na capital que Otacílio vai conhecer seu parceiro de escrita, Francisco Linhares, com quem vai escrever a *Antologia Ilustrada dos Cantadores*.

Em 1964, os militares tomam o poder e fecham a rádio Dragão do Mar por vários meses. A rádio é reaberta com uma programação que atendia ao interesse do novo regime, sob comando do militar reformado Almir Mesquita. Foi nesse período que a rádio mudou também de sede, passando a funcionar entre as avenidas Antônio Sales e Virgílio Távora. Em 2008, a rádio Dragão do Mar, como muitas outras rádios no Brasil, foi comprada por um grupo religioso, a Comunidade Católica Shalom, e passou a se chamar rádio Shalom Dragão do Mar.

No ano de 1959 ainda vai sobrar tempo para acontecer o último dos grandes congressos de cantadores antes do golpe militar. Promovido pelo Jornal do Brasil por iniciativa da própria proprietária do jornal, a condessa Maurina Pereira Carneiro, houve um importante congresso de cantadores no Rio de Janeiro, com Manuel Bandeira como um dos membros do corpo de jurados, que contava ainda com nomes como Cavalcanti Proença e Orígenes Lessa. O prêmio para a dupla ganhadora foi de 20 mil cruzeiros, pagos pela Standard Brands of Brazil e as apresentações aconteceram no Teatro de Arena da Faculdade Nacional de Arquitetura, na Praia Vermelha. Otacílio foi mais uma vez o vencedor do congresso, duplado com Dimas. Jó Patriota e Apolônio Belo foram para a final e Zé Gonçalves e Cícero Batista ficaram em segundo lugar. Impressionado com a atuação dos cantadores, Manuel Bandeira fez um poema que ele chamou de "Saudação aos Violeiros". O poema foi publicado no Jornal do Brasil em 11 de dezembro de 1959 e, posteriormente, no livro *Estrela da Vida Inteira*, de 1965.

> Anteontem, minha gente,
> Fui juiz numa função
> De violeiros do Nordeste
> Cantando em competição,
> Vi cantar Dimas Batista,
> Otacílio, seu irmão,
> Ouvi um tal de Ferreira,
> Ouvi um tal de João.
> Um a quem faltava um braço
> Tocava cuma só mão;
> Mas como ele mesmo disse,
> Cantando com perfeição,
> Para cantar afinado,
> Para cantar com paixão,
> A força não está no braço,
> Ela está no coração.

Ou puxando uma sextilha,
Ou uma oitava em quadrão,
Quer a rima fosse em *inha*
Quer a rima fosse em *ão*,
Caíam rimas do céu,
Saltavam rimas do chão!
Tudo muito bem medido
No galope do Sertão.
A Eneida estava boba,
O Cavalcanti bobão,
O Lúcio, o Renato Almeida,
Enfim toda comissão.
Saí dali convencido
Que não sou poeta não;
Que poeta é quem inventa
Em boa improvisação
Como faz Dimas Batista
E Otacílio seu irmão;
Como faz qualquer violeiro,
Bom cantador do Sertão,
A todos os quais humilde
Mando minha saudação.

É o escritor Bráulio Tavares quem afirma que no curto espaço de alguns anos, Otacílio e o grupo de cantadores próximo a ele tornou-se a vanguarda da poesia violeira, em termos de reconhecimento no universo das elites urbanas do sul do país. Exerceram um papel semelhante ao que, no âmbito da música popular brasileira, Luiz Gonzaga e Humberto Teixeira estavam desempenhando naquele mesmo momento, com a criação e a consagração popular do Baião.

Capítulo 9
Sua cor imita a minha, seu cabelo é agastado[1]

A PELEJA ENTRE OS REPENTISTAS Inácio da Catingueira e Romano Caluête — ocorrida na cidade de Patos, na Paraíba, no ano de 1874 — é talvez a mais importante cantoria e também a que estabelece o mito fundante da fama dos cantadores-repentistas do nordeste brasileiros. É uma peleja que opõe de um lado Inácio da Catingueira, filho de escravo e ele próprio um homem negro escravizado por um rico proprietário chamado Manoel Luís, não tendo família nem sobrenome formalmente registrados e por isso conhecido pelo sobrenome de seu lugar de nascimento, *da Catingueira*, então uma vila da cidade de Patos. De outro lado Romano Caluete, nascido na Vila da Mãe D'água, à época situada na cidade de Teixeira, também na Paraíba, um lavrador, dono de um escravo e de um pequeno pedaço de terra; seu irmão foi Veríssimo do Teixeira, também cantador que tornou-se cangaceiro quando perdeu as terras para um latifundiário.

É uma cantoria que estabelece já desde o princípio, no interior da tradição literária do repente, o tema do racismo como central para esta poética. Ainda que muito presente de fato nos motes e glosas, esse é um tema ainda pouco refletido e, a partir da própria obra poética de cada cantador, também pouco analisado. Através do trabalho de vários apologistas, a peleja entre Inácio e Romano foi contada e reconstruída oralmente ao longo de muitos anos, circulando em diferentes versões e contribuindo sobremaneira para a construção da tradição do repente.

---

1. Verso de autoria de Inácio da Catingueira.

Desde o início, a cantoria estabelece a confrontação entre o branco e o negro nos termos em que essa contradição se estabelecia no Brasil da segunda metade do século XIX. Desde a primeira sextilha, Romano tenta estabelecer sua posição dominante, falando como um branco que coloca o negro "em seu lugar", referindo-se a Inácio pelo pronome "tu" — pejorativo e diminuidor do interlocutor — oposto ao "vosmicê" formalmente utilizado naquele período. Já perto do fim da cantoria, Romano diz:

> Negro, cante com mais jeito,
> vê a tua qualidade,
> eu sou branco, tu um vulto,
> perante a sociedade.
> Eu em vir cantar contigo,
> baixo de dignidade.

A resposta de Inácio estabelece a posição de resistência dos cantadores pretos no interior da poesia de repente, expressando toda a contradição de se afirmar como negro em um ambiente marcadamente racista. Sem respeitar a deixa de rima dada por Romano, Inácio diz:

> Esta sua frase agora,
> me deixou admirado...
> Para o senhô ser branco,
> seu couro é muito queimado.
> Sua cor imita a minha,
> seu cabelo é agastado.

O tom de ironia na voz de Inácio ressoa: "esta sua frase agora, me deixou admirado". A valoração social do público impõe o racismo, parecendo não haver espaço para Inácio defender as qualidades do negro. Há, no entanto, espaço para questionar o lugar e propósito daquele que se afirma branco: "sua cor imita a minha, seu cabelo é agastado", ou seja, é crespo. É uma orientação social que se dobra ao racismo presente no público, mas que, ao mesmo tempo, resiste à opressão revelando a realidade de uma sociedade empobrecida e dependente cujas regras — hierárquicas e de supremacia racial — foram impostas e se reproduzem sem muita reflexão social. A sextilha de Inácio é um golpe forte contra Romano, que logo assume um tom mais ameno, reconhecendo alguma qualidade em Inácio, mas sem abandonar sua posição supremacista:

> Inácio, eu estou ciente
> que tu és um negro ativo;
> Mas não estou satisfeito,
> devo te ser positivo:
> me abate hoje em cantar
> com um negro que é cativo.

Uma vez revelada a origem racial de Romano, o discurso muda e a questão passa não mais a ser a condição de negro, mas sim a de escravo, de cativo. É a condição do escravo socialmente reconhecida não como a de alguém que foi vitimado por um escravizador, sequestrado e obrigado ao trabalho compulsório em terra estrangeira, mas como alguém que tem um defeito, um vício. De alguma maneira é semelhante ao discurso social que descreve a atual condição de uma família empobrecida, favelada. Inácio responde dizendo:

> Na verdade, seu Romano,
> eu sou negro confiado!
> Eu negro e o senhô branco
> da cor de café torrrado!
> Seu avô veio ao Brasil
> para ser negociado.

A historiadora Germana Gomes[2] vai afirmar que:

O que se percebe, diante dessas representações que demarcam a condição escrava, é que os insultos presentes nas falas dos cantadores ditos não negros eram, na verdade, representações que não se direcionavam apenas aos repentistas negros ou escravos, mas a todos os negros, pois eram falas que estavam presentes e engendradas na sociedade da época. Na sextilha em que Inácio afirma a ascendência africana de seu oponente, percebemos em sua fala a incorporação da ideologia do branco, quando este afirma que era um "negro confiado", ou seja, diferente dos demais. Ao buscar sobressair dos insultos que lhe foram associados, Inácio acabou por revelar em sua fala as representações que colocavam as populações negras como vítimas da suspeita, da desconfiança. Percebe-se que as representações dominantes criavam ambiguidades na auto-representação desse cantador negro, que se defendia dos insultos a partir do próprio paradigma dominante.

A cantoria entre Inácio e Romano não é a única que estabelece a fama de cantadores negros e o tema do racismo como central para a poesia de repente.

A primeira mulher cantadora, Francisca Maria da Conceição, conhecida como Chica Barrosa — nascida na cidade de Pombal, na Paraíba, em 1867 em um quilombo de negros libertos — fez uma cantoria em 1910 com um rico fazendeiro potiguar, o também repentista Neco Martins. A cantoria ocorreu na fazenda Suapé, próxima a São Gonçalo do Amarante (RN), de propriedade de Neco. Otacílio registrou com destaque essa cantoria que não obedeceu à rigidez da métrica do repente nas páginas da *Antologia Ilustrada dos Cantadores*[3] afirmando que os versos de Chica Barrosa, "neste quadro cheio do mais puro humanismo dando ensejo a réplicas notáveis que, conservadas na memória de pessoas

---

2. GOMES, Germana Guimarães. *"Insultos", "Elogios" e "Resistências": participação de repentistas negros em cantorias do nordeste (1870-1930).* 2012. 178 f. Dissertação (Mestrado). Curso de História. Universidade Federal da Paraíba. João Pessoa, 2021.

3. Na p. 84 da *Antologia*, Otacílio e Francisco Linhares mencionam os apologistas Adolfo Barbosa Pinheiro e João de Paula Gomes como os que reconstruíram a memória oral desta cantoria.

amantes do belo, *contribuíram para a formação de um dos maiores desafios que a história folclórica registra*".[4] A menção aos versos de Chica Barrosa na *Antologia* é, talvez, o primeiro registro impresso do potencial poético de uma mulher negra cantadora de que se tem notícia. Já Câmara Cascudo havia destacado o papel de Chica Barrosa como cantadora, mas coube a Otacílio a propagação da peleja com Neco Martins, afirmando que esses cantadores haviam atingido "o verdadeiro ápice da arte de improvisar".

NECO MARTINS
Eu agora estou ciente
que negro não é cristão
pois a alma dessa gente
saiu debaixo do chão,
e lá na mansão celeste
não entra quem é ladrão.

CHICA BARROSA
Mas seu Neco a diferença
entre nós é só a cor.
Eu também fui batizada,
sou cristã como o senhor.
De lançar mão do além
nunca ninguém me acusou.
De ir o preto pro céu,
seja o branco sabedor.
E, lá na mansão celeste,
se quiser nosso Senhor:
vai o branco pra cozinha
e o preto pro andor.

NECO MARTINS
De onde veio esta negra

---

4. BATISTA, Otacílio; LINHARES, Francisco. *Antologia ilustrada dos cantadores*. 2. ed. Fortaleza: UFC, 1982. p. 85.

com fama de cantador?
Querendo ser respeitada
como se fosse um senhor?
Pois negro na minha terra
só come é chiqueirador.

CHICA BARROSA
Mas seu Neco, me permita
dizer o que foi notado:
que num beco sem saída,
quando eu deixo acorrentado
vem o branco contra mim,
façanhudo e tão irado.
Tome agora um bom conselho,
numa boa hora dado,
não é preciso mostrar-se
carrancudo e agastado.
Branco que canta com preto
não pode ser respeitado.

NECO MARTINS
Cantador como esta negra
na minha terra é banana,
gafanhoto de jurema,
mané-magro de umburana,
falador de vida alheia e
empalhador da semana.

CHICA BARROSA
Branco só canta comigo
com talento no gogó.
Com lelê, com catuaba,
com gancho, forquilha e nó,
e depois de haver mamado
na nega de um peito só.

De acordo com Otacílio,

o duelo foi avançando noite adentro. Os presentes exigiram um desafio mais acalorado. Barrosa, por ser grande repentista e pela diferença de nível social, mereceu mais aplausos da assistência. Neco, irritado, ajudou-se de uma arma para alvejá-la. Barrosa não teve outra alternativa senão correr.[5]

A realidade da violência contra a mulher foi presente durante toda a trajetória de Chica Barrosa, que terminou a vida vítima de um feminicídio cometido por um indivíduo conhecido como José Pedro da Silva, que assassinou Chica Barrosa a facadas no dia 3 de outubro de 1916.[6] Como ainda hoje acontece, uma mulher livre, artista, exercendo de maneira independente sua profissão e seus desejos, é um perigo para o supremacismo patriarcal, que muitas vezes responde com violência.

É importante ainda, para refletir sobre o tema do racismo no interior da tradição literária da poesia de repente, pensar a história e o papel do potiguar Fabião das Queimadas. Fabião Hermenegildo Ferreira da Rocha foi um dos primeiros poetas populares do agreste, no Rio Grande do Norte. Nasceu em 1848, escravizado na Fazenda Queimadas no município de Santa Cruz, e morreu em 1928, já liberto.

De acordo com informações colhidas entre seus netos, especula-se que Fabião tenha sido filho do capitão da fazenda, José Ferreira da Rocha, com a escrava Antônia, mãe do cantador. É tanto que Fabião recebe o sobrenome desse capitão (Ferreira da Rocha) e chega mesmo a herdar um pequeno pedaço de terra, dividido com os filhos do capitão. Como exímio cantador-repentista, analfabeto e tocando rabeca ao invés de viola, fazendo cantorias durante a noite fora da fazenda, ganhou dinheiro suficiente com suas cantorias para comprar a alforria de sua mãe.

---

5. BATISTA, Otacílio; LINHARES, Francisco. *Antologia ilustrada dos cantadores*. 2. ed. Fortaleza: UFC, 1982. p. 92.
6. MEDEIROS, Irani. *Chica Barrosa: a rainha negra do repente*. João Pessoa, PB: Idéia, 2009.

Embora a prática de comprar a alforria tenha existido ao longo do Brasil colonial e monárquico, o escravizado só passou a ter amparo legal para adquirir liberdade, mediante o pagamento de um valor, a partir de 1871. Foi com a Lei do Ventre Livre, que dizia que: "o escravo que por meio de seu pecúlio obtiver meios para inferiorização de seu valor tem direito à alforria. Se a indenização não for fixada por acordo, o será por arbitramento. Nas vendas judiciais ou nos inventários, o preço da alforria será o da avaliação".

O comovente e simbólico ato de Fabião de libertar sua própria mãe através da atividade da cantoria sensibilizou também Otacílio e Francisco Linhares, que registraram sua poesia como a primeira, logo na abertura da *Antologia Ilustrada dos Cantadores*. Em quadras de sete sílabas, Fabião disse:

> Quando forrei minha mãe,
> a lua saiu mais cedo
> pra alumiar o caminho
> de quem deixava o degredo.
>
> Minha mãe era pretinha
> da cor de jabuticaba.
> Porém mesmo sendo preta
> cheirava que só mangaba.
>
> O nome de mãe é doce
> que só a fruta madura.
> Mas passa o doce da fruta
> e o doce do nome atura.

Compreender em profundidade o tema do racismo na poesia do repente é compreender também as condições específicas da escravização e da presença do povo negro no sertão do nordeste brasileiro, assim como as diferenças em relação às condições específicas da escravização ocorrida nas zonas da mata e no litoral.

É preciso inicialmente ter em conta que a indústria de sequestro e venda de pessoas escravizadas vindas de África teve como principal destino no nordeste as fazendas de engenho localizadas quase exclusivamente nas regiões do litoral. Enquanto no litoral a lucratividade da cana exigiu uma forte especialização na produção, tornando quase impossível o avanço de outras culturas, inclusive a produção de alimentos e a criação de gado, o sertão passou a ser o único lugar possível e economicamente viável para aquelas pessoas que não eram privilegiadas pela nobreza regional. O sertão se transformou, para muitas pessoas influentes, em um novo lugar aberto para efetivação de sua fidalguia e para o enriquecimento. Os mais oportunistas fizeram fama organizando bandos de extermínio contra os povos indígenas das diferentes regiões sertanejas, a maior parte destes barbaramente dizimados.

O oeste paraibano, por exemplo, tornou-se no século XVIII uma "civilização do couro", completamente atrelada à criação e à venda do gado. As famílias chegavam de forma temporária ou procurando uma moradia permanente, na tentativa de melhores condições de vida. Para explorar esses caminhos desconhecidos era necessária uma capacidade de observação enorme. As veredas do sertão ofereciam perigos constantes, mas os novos ocupantes, aprendendo a imitar o saber fazer dos povos indígenas da região, lograram fundar suas fazendas.

O sertão destinava sua produção para os grandes polos consumidores: os mercados de Recife e de Salvador. É nesse vai e vem de mercadorias que circulam no dorso de bois, cavalos e jegues que emerge a figura central do *Vaqueiro*, tangendo as reses, contemplando e desbravando a natureza, cantando seus versos de aboio.

Havia um contraste importante em relação à situação econômica do litoral, especialmente porque no sertão escasseava a população escravizada. São muitos os registros de cartas reclamando aos senhores de engenho e lavradores das regiões do litoral pela grande falta de escravos. Os fazendeiros do sertão nordestino chegavam mesmo a pedir a clemência do imperador em razão do alto preço de um escravizado para o trabalho em uma fazenda de gado. Pediam sempre para que se introduzisse uma maior quantidade de negros, pois a negociação direta com os mercadores de escravos era dificultosa, uma vez que esses sempre buscavam auferir altos lucros usando de sua posição de força frente à população sertaneja.

A historiadora Ana Paula Moraes[7] alerta que, ao fazer o estudo comparativo das diferentes características da escravização no sertão e no litoral nordestino, não se pode desconsiderar que a população negra permanecia no sertão sob uma condição de inferioridade e marginalização. Que mesmo diante de um modelo de uma maior "liberdade" que talvez fosse concedida a um Inácio da Catingueira ou a um Fabião das Queimadas, estes continuavam a ser vistos como membros de uma espécie inferior, ou seja, tratados como bestas de carga a serem guiadas e inventariadas como gado. Mas que, contraditoriamente e ao mesmo tempo, o sertão nordestino durante a escravidão também foi um lugar que estimulou a permeabilidade nas relações entre senhores e escravos, ou seja, foi um "lugar mais fluido". A mesma autora vai afirmar que a liberdade de ação de cativos e libertos era maior no sertão e que, inclusive, é permitido pensar a importância da flexibilidade da ação desses escravos no sentido de sua autonomia no agir. O escravizado sertanejo, vivendo em uma sociedade de grande escassez, estava muitas vezes em condições materiais semelhantes às de trabalhadores rurais brancos. A disparidade

---

7. MORAES, Ana Paula da Cruz Pereira. *Em busca da liberdade: os escravos no sertão do Rio Piranhas, 1700-1750*. 2009. 134f. Dissertação. (Mestrado em História). Universidade Federal de Campina Grande, 2009.

que envolvia negros e brancos, cativos e libertos, não era tão exagerada no sertão quanto era nas cidades mais importantes do litoral. Também havia uma maior debilidade dos instrumentos de controle social e ideológico organizados pelo Estado, como as forças armadas e a Igreja, além do que os próprios valores e hábitos culturais importados dos colonizadores europeus exerciam uma menor presença.

É evidente que não se pode pensar essa maior fluidez ou pretensa liberdade dos escravizados no sertão nordestino como fruto de uma dádiva concedida pelo escravizador branco. É correto, na verdade, interpretar como uma conquista arrancada na contínua luta promovida pelo povo negro contra a escravidão. Um estudo do pesquisador Dante Moreira Leite[8] aponta que foi o nordeste brasileiro, e em especial o sertão, a região que mais desenvolveu uma das principais formas de luta do povo negro contra o escravagismo: a formação de quilombos. Em números absolutos, o nordeste tem 1.724 comunidades quilombolas, 60,7% do total dos quase três mil quilombos de que se tem registro no país.

Os primeiros estudiosos da poesia de repente brasileira, no entanto, interpretaram de maneira completamente distinta a participação do negro na formação da identidade do sertão nordestino. É o caso, por exemplo, do sociólogo potiguar Luís da Câmara Cascudo, que publicou um clássico livro sobre o tema pela primeira vez em 1939 — *Vaqueiros e cantadores: folclore poético do sertão de Pernambuco, Paraíba, Rio Grande do Norte e Ceará*.

Um dos artigos desse livro, inserido no capítulo que trata do ciclo social da poesia de repente, é intitulado "O negro nos desafios do nordeste" e ensaia uma interpretação sobre o problema racial no Brasil. O ponto de vista de Cascudo, utilizando-se de referências e vocabulário rebuscados e de difícil compreensão, tem como ponto de partida a crítica a duas concepções que ele considera equivocadas sobre a questão do povo negro no Brasil.

---

8. LEITE, Dante Moreira. *O caráter nacional brasileiro: história de uma ideologia*. São Paulo: UNESP, 2002.

De um lado, ele critica as opiniões liberais clássicas do diplomata inglês James Bryce, conhecido como Visconde de Bryce, que tem suas formulações resumidas na afirmação de que a presença negra faria necessariamente com que o Brasil tivesse seu futuro entregue a uma "sub-raça com determinante étnico africano". De outro lado, critica o que ele chama de "bolchevismo" do escritor estadunidense Waldo David Franck, resumindo suas ideias na afirmação de que "só a gente negra que habita o Brasil pode criar uma autêntica cultura brasileira". Ambas as concepções sobre o problema racial no Brasil estavam, para Cascudo, totalmente distantes da verdade.

Para embasar suas próprias concepções sobre o problema do povo negro no Brasil, Câmara Cascudo vai recorrer a um livro do escritor modernista alagoano Jorge de Lima. Essa obra não foi traduzida para o português, mas apenas publicada em língua alemã, em uma editora da cidade Leipzig em 1934, período em que os nazistas já haviam assaltado o poder naquele país. A obra tem o título de *Rassenbildung und Rassenpolitik in Brasilien* (em tradução livre: *Educação Racial e Política Racial no Brasil*). Esse é o momento em que a visão política de Jorge de Lima está próxima da dos integralistas liderados por Plínio Salgado, em razão de suas concepções comuns no interior da corrente espiritualista e católica da poesia modernista. Também é o período em que o governo alemão investia para ganhar influência na América Latina, visando os preparativos de guerra e em um contexto de um regime marcadamente anticomunista como era o primeiro governo de Getúlio Vargas.

Câmara Cascudo vai afirmar que

Jorge de Lima publicou um ensaio magnífico, compendiando logicamente o que de mais percuciente[9] e incisivo havia sobre o tema. Infelizmente, teimou em não dar versão brasileira e os nossos eruditos comunistizantes não leem alemão. A Rússia para eles viaja através da Espanha e França. Jorge de Lima demonstra que houve no Brasil uma

---

9. Percuciente: que é perspicaz.

política racial instintiva, automática e contínua. O processo de, *excusez*,[10] arianização começou no próprio "momento" em que o velho Homo Afer chegou às terras brasileiras.[11]

Sem nenhum pudor, Câmara Cascudo está recorrendo a Jorge de Lima para afirmar com todas as letras que o povo brasileiro estava progressiva e naturalmente tornando-se parte da chamada "raça ariana", mito de unidade étnica propagado pelo Partido Nazista alemão, raça à qual pretensamente pertenceriam todos os brancos-caucasianos da Europa central. A propagação desse mito tinha o objetivo de justificar sua ação belicista e racista contra os outros povos do mundo, especialmente negros e judeus. Está recorrendo ainda às concepções biologicistas do sueco Carl Linnaeus, naturalista que viveu no século XVIII e propôs a primeira divisão dita "científica" (com muitas aspas) da humanidade em raças. Para Linnaeus, o *Homo Sapiens Europaeus* é a raça branca, que tem a característica de ser séria e forte. Já o *Homo Sapiens Afer* é a raça negra e tem a particularidade de não demonstrar emoção ou sentimento, além de ser preguiçosa.

Agora com suas próprias palavras, Câmara Cascudo vai resumir em um parágrafo o que pensa sobre problema do negro no Brasil deste período:

Não é de somenos os dados folclóricos sobre o "estado" do negro no Brasil. Não tivemos repulsa por ele e o sexualismo português foi um elemento clarificador, em pleno aceleramento. Ninguém se lembrou de vetar ao negro os galões do Exército e a promoção na vida burocrática. Negros, fulos,[12] crioulos, foram ministros de Estado e governaram o Brasil ao lado de dom Pedro II, neto dos reis de Portugal, Espanha, França e Áustria. Nenhum instituto de educação excluiu negros, nem uma criança brasileira se recusou a brincar com um negrinho. A mãe

---

10. Com licença, em francês.
11. CASCUDO, Câmara. *Vaqueiros e cantadores: folclore poético do sertão de Pernambuco, Paraíba, Rio Grande do Norte e Ceará*. Belo Horizonte: Itatiaia, 1984. p. 153.
12. Negros mestiços.

negra é um instituição comovedora e romântica e 90% dos brasileiros beberam leite de negro, mais ou menos caldeado.[13]

Mais à frente, Cascudo ainda vai atacar a campanha abolicionista e defender o regime nazista alemão, dizendo que as repressões promovidas pela polícia política fascista não passavam de propaganda inventada pela impressa dos Estados Unidos e da França. Ele diz: "tenho conversado com diversos ex-escravos e os horrores que a campanha abolicionista pôs em giro literário ficam ao lado das atrocidades alemãs que a imprensa norte-americana e francesa criou".

O que temos aqui, de maneira nada velada, é um dos marcos da criação do mito da democracia racial brasileira. Para Cascudo, é apenas folclore dizer que os negros foram reprimidos e violentados no Brasil. Que na verdade não houve nenhuma rejeição, mas pelo contrário, que os portugueses fizeram sexo e tiveram filhos com as africanas (teria sido mais honesto se ele tivesse falado em estupro) promovendo assim a clarificação, o branqueamento da raça brasileira que, inclusive, estava se acelerando. Que os negros tiveram espaço em todas as instituições, inclusive no governo onde lideraram ao lado de descendentes de uma raça superior. Que honra! A parte que fala da mãe negra poderia até ser cômica, se não fosse trágica: quase todos os brasileiros beberam leite do peito negro, mas ferveram esse leite antes, apenas por precaução.

Pouco menos de cem anos depois de Cascudo escrever essas linhas, os fatos da população brasileira provam que seu discurso não passou de mistificação. 56,1% da população brasileira é negra, segundo os dados da Pesquisa Nacional por Amostra de Domicílios (Pnad) contínua do IBGE. O branqueamento acelerado não se confirmou. A população negra permanece como a maior vítima das principais mazelas nacionais: baixos salários, desemprego, violência. Qualquer foto tirada da composição de um alto colegiado judiciário, militar ou até mesmo de órgãos po-

---

13. *Ibidem.* p. 153.

líticos vai comprovar que a abertura do espaço de representação instituicional para os negros é uma meta que nunca foi atingida e ainda precisa ser conquistada.

As concepções de Câmara Cascudo influenciaram enormemente muitos pesquisadores do repente e da cultura popular brasileira, dado o seu papel pioneiro em investigações nessa área. Sua influência também teve grande projeção sobre a obra poética de Otacílio, tanto em sua atuação como repentista como em seu papel na recuperação da tradição literária do repente. No ano da morte do sociólogo, em 1986, Otacílio publicou um de seus principais cordéis: *Versos para Câmara Cascudo*. Certa vez, Hercílio Pinheiro cantava com Otacílio em um programa de rádio que mantinham em Mossoró. Com a presença de Câmara Cascudo no programa, Hercílio disse a seguinte sextilha:

> Eis o doutor Cascudinho,
> que prestimoso tesouro!
> Lá no sertão também há
> Cascudo, aranha e besouro.
> Os de lá não valem nada,
> mas este aqui vale ouro.

E Otacílio respondeu:

> Não digo por desaforo
> já que falaste em Cascudo.
> Os do meu sertão têm casca
> mas este aqui tem estudo.
> Os de lá não sabem nada,
> mas este aqui sabe tudo.

Todo esse contexto exposto acima ajuda a pensar o tema do racismo no interior da tradição poética do repente e o papel da poesia de Otacílio também na reprodução desses valores. Sendo Otacílio um homem branco, nascido no sertão de pernambuco e vivenciando as condições específicas da escravidão nessa região, sendo também fortemente influenciado por intelectuais que contribuíram para a construção do mito da democracia racial brasileira e tendo quase nenhum acesso ao ensino formal, uma vez que só frequentou a escola até o ensino fundamental, é de certa forma esperado que a valoração ideológica racista fosse também encontrada no interior da sua poética.

Otacílio esteve ao lado de cantadores negros desde sua primeira cantoria, em 1940, quando cantou ao lado de Zé Vicente da Paraíba. Participou à sua maneira da condenável prática de insultar cantadores negros, prática infelizmente ainda presente no interior da cantoria. Analisando esses insultos, a pesquisadora Ana Paula Moraes afirma que:

os insultos não foram preponderantes nas cantorias. Coexistiram nas pelejas nordestinas que possuíam a participação de cantadores negros tanto insultos como também o aspecto das resistências, sobretudo, nas falas dos cantadores negros insultados. Ao resistirem às falas preconceituosas e de discriminação que lhes eram associadas nas pelejas do Nordeste, os repentistas negros se posicionaram contra determinadas representações excludentes, utilizando-se dos insultos, das acusações, das suas verbalizações e conhecimentos para se oporem a determinada conjuntura que os negava enquanto sujeitos da história e da arte das cantorias. Sendo negros, escravizados ou não, esses cantadores se destacaram em suas pelejas, não só pelo conhecimento que possuíam, mas também por resistirem ao contexto de segregação em que ocorriam as pelejas nordestinas quando estas tinham a participação de cantadores negros. Com relação aos insultos explícitos, estes também ganham um outro sentido na medida em que problematizamos a ideia de que as falas ofensivas para com os cantadores negros eram construídas a partir das visões correntes, predominantes na sociedade do final do século XIX e início do século XX, a propósito das dimensões raciais e da visão até "científica" pelas quais se via a população negra no Brasil. Ao provocar risadas no público ouvinte, esses insultos provocavam raiva, resignação e outros inúmeros sentimentos de inferioridade nos cantadores negros, fazendo com que muitos fracassassem nas cantorias e perdessem visibilidade diante de seu oponente "branco" e dos demais ouvintes. No entanto, muitos se sobressaíram ao resistir às ofensas que lhes eram direcionadas nessas pelejas.[14]

Otacílio publicou uma sextilha em sete sílabas e com rimas em todos os versos intitulada *Índio, Negro e Português*, na década de 1980. Ela revela muitas dessas influências que foram descritas acima. Ele disse:

> De onde vem a nossa origem?
> Do ventre da índia virgem
> que não pensava, talvez,
> de um dia ser corrompido
> pelo sangue poluído
> do negro e do português.
>
> São três raças diferentes,
> duas delas inocentes
> como a criança e a flor.
> Negro branco acorrentado,
> junto ao índio escravizado,
> por branco negro invasor.
>
> O sangue dos lusitanos,
> com a noite dos africanos,
> tinturaram a nossa raça.
> Na panelada dos três,
> herdamos de uma só vez
> macumba, samba e cachaça.

---

14. MORAES, Ana Paula da Cruz Pereira de. *Em busca da liberdade: os escravos no sertão do rio Piranhas, 1700-1750*. 2009. 134 f. Dissertação (Mestrado). Curso de História. Universidade Federal de Campina Grande. Campina Grande, 2009.

> Neste Brasil de Nabuco,
> de mestiço e mameluco,
> índio, negro e português,
> há muito branco cafuzo,
> com os beiço de parafuso
> que o negro africano fez.

Ainda na década de 1980, o fim da censura oficial e um maior barateamento dos serviços gráficos fez da produção de livretos e cordéis uma das principais fontes de renda para muitos cantadores repentistas. Além do dinheiro do cachê e da bandeja, era possível melhorar a arrecadação vendendo livros. Era o período em que Otacílio já passava dos 40 anos de trabalho na cantoria, cansado para novas viagens e apresentações. É dessa época um dos livretos mais vendidos por ele: *Os versos apimentados de João Mandioca*, conjunto de versos que vão se incorporar à tradição de versos pornográficos e picantes, gênero que era muito utilizado pela cantoria, mas que até então estava restrito a ambientes fechados, no interior de uma festa privada, em um cabaré, mas nunca ditos em amplo público. Essa literatura pornográfica, antes proibida pela censura, vai ser a mais procurada e vendida pelos cantadores. Publicado em 1984 em João Pessoa, o livro explicava logo no primeiro verso quem foi João Mandioca, heterônimo de Otacílio:

> Esse cantador selvagem
> de uma tribo bem nutrida
> cantava as coisas da vida
> com dupla libertinagem.
> Era o rei da sacanagem,
> imperador da fofoca.
> Fundou na casa de noca
> aulas de pornografia.
> O chefe da putaria
> chamou-se João Mandioca.

Já neste livro encontramos exemplos de insultos racistas que provavelmente por aquele período poderiam ser tomados como "piada", como exemplo o poema matuto *Samba de Nego*, atribuído a João Mandioca:

> O nego Mané Favela,
> do cabelo pixauim,
> suava que só toucin
> pendurado num cambito.
> Pulava que só novilho,
> parecia até ser filho
> das entranhas do maldito. (...)
> Em samba que nego faz
> o branco não deve ir,
> que é muito fácil sair
> fedendo a chifre queimado.
> Eu fui porque não sabia,
> Deus me livre de outro dia,
> é melhor morrer capado.

Esse tom de humor de gosto bastante questionável dominou a obra poética de Otacílio a partir da segunda metade da década de 1980, começando com a publicação de *Ria até cair de costas*, em 1979. De uma lado, existia a vantagem de serem livros de fato vendáveis, já que havia um público que realmente buscava esse tipo de literatura pornográfica que antes estava proibida de circular. Mas também havia um grande prazer para Otacílio em publicar essas piadas picantes em formas de verso, versos que ele sempre disse enquanto cantador no ambiente privado e que agora era permitido falar abertamente. Essa característica de Otacílio de "moleque" ou "brincalhão", como os que o conheciam denominavam, podia se expressar livremente. Ao se expressar, dizia também dos seus próprios preconceitos e os de seu meio social. No livro *O Caçador de Veados*, de 1987, Otacílio fez uma décima falando da eleição do Cacique Juruna e do cantor Agnaldo Timóteo como deputados, ambos pelo PDT do Rio de Janeiro. Ele disse:

> Quem pensava de um índio ser eleito,
> defender seus irmãos numa tribuna?
> Parabéns, parabéns velho Juruna,
> Mato Grosso está muito satisfeito.
> Pelo menos você não tem defeito
> de fugir da mulher, tão linda imagem.
> Que virtude de um povo ter coragem
> de eleger de uma vez a deputado
> um selvagem que nunca foi veado
> e um veado que nunca foi selvagem.

Essa literatura pornográfica vai ganhar seus contornos mais exagerados com um dos maiores sucessos editoriais de Otacílio, os cordéis *O valor que o peido tem* e *O peido que a nega deu*, publicados conjuntamente no ano de 1992. Os versos escatológicos superam em caricatura toda a literatura pornográfica anterior que Otacílio havia escrito. Versando em 10 pés sobre o mote *Quase não passa no cu/ o peido que a nega deu*, ele disse:

> Assim que o peido passou,
> fez a nêga uma careta.
> A bunda ficou mais preta,
> o cu abriu-se e fechou.
> Um chifrudo perguntou:
> o que foi que aconteceu?
> Um veado respondeu:
> ainda não sabes tu?
> *Quase não cabe no cu*
> *o peido que a nêga deu.*

Não é possível compreender nenhum aspecto da história do Brasil sem ter em conta as múltiplas e profundas marcas deixadas pelos trezentos anos de sequestro, diáspora, tortura e assassinato de homens e mulheres africanos trazidos para este continente para trabalhar de forma escravizada. É um fato que está gravado em todas as dimensões da vida social e, por óbvio, também está na tradição literária da poesia de repente, enquanto expressão de cultura popular. Muito mais do que buscar identificar vítimas ou vilões, entender o tema do racismo no interior da poética de cada autor é compreender as possibilidades de desenvolvimento futuro dessa tradição, refletindo criticamente e respondendo de maneira ativa à poética feita no passado.

Já no auge da sua carreira, quando Otacílio consegue registrar seu primeiro disco profissionalmente, produzido por Zé Ramalho, talvez com a pretensão de algum sentido de autocrítica, ele transforma em canção um verso de sete pés em gemedeira com o título *Amor de Preta:*

> Eu moro lá num cantinho,
> num mundo sem ambição.
> Sem emprego, sem salário,
> sem vizinho e sem patrão.
> Com uma preta bem pretinha
> ai-ai, ui-ui
> Dona do meu coração.
>
> Naquele bendito chão,
> a tristeza não demora.
> só se ouve os passarinhos
> cantando ao romper da aurora,
> um rio que serpenteia,
> ai-ai, ui-ui,
> e a cachoeira que chora.

À noite a lua namora
o céu da tranquilidade,
clareando o nosso rancho,
longe da civilidade,
abençoado por Deus,
ai-ai, ui-ui,
sobrando felicidade.

Nas asas da liberdade
canta alegre o nosso amor.
O sol nasceu para todos
sem preconceito de cor.
Quem martiriza uma rosa,
ai-ai, ui-ui,
mata o perfume da flor.

Liberte o povo de cor
dizia o grande Barreto.
Castro Alves escrevia
poema, canção, soneto,
acusando o homem branco,
ai-ai, ui-ui,
do tráfico do homem preto.

O leite do seio preto
não se troca por dinheiro.
Forte como a natureza,
mão selvagem de guerreiro,
alimento dos fidalgos,
ai-ai, ui-ui,
no tempo do cativeiro.

Capítulo 10
Sou o cantador malhó que a Paraíba criou-lo[1]

FOI NA DÉCADA DE 1890 que o paraibano de Pombal, Leandro Gomes de Barros, começou a imprimir e vender no Recife folhetos de feira que, mais tarde, viriam a ser chamados de cordéis, por serem expostos para a venda pendurados em um cordão. Era um livreto com um conteúdo quase sempre em verso, ilustrado na capa e contracapa através da técnica da xilogravura. É por meio do cordel que vai existir no nordeste uma imprensa e uma editora marginais e alternativas, que driblaram o monopólio das grandes editoras e se tornaram meio de vida para muita gente, instituindo uma enorme indústria de livros baratos e perecíveis. Em 1906, Leandro já havia conseguido inaugurar uma pequena gráfica, divulgando os clássicos do que Ariano Suassuna chamou de *Romanceiro Popular Nordestino,* como "O testamento do cachorro", "O homem que defecava dinheiro" e muitos outros.

Esse formato gráfico da literatura de cordel foi, durante muitos anos, o único acessível para os poetas repentistas e apologistas interessados em publicar obras e — por que não? — ganhar algum dinheiro com a venda de seu material. O livro mesmo, com mais de cem páginas, papel bom, capa dura, era muito caro, inacessível. As poucas indústrias gráficas então existentes no nordeste não se interessavam em publicar versos do romanceiro popular, muito menos em registrar a obra de cantadores-repentistas. A partir do início da década de 1970, a publicação de um grande sucesso editorial, um verdadeiro *best seller,* vai começar a inverter esta lógica e a publicação e venda de livros passará a ser um

1. Verso de Zé Limeira.

objetivo de muitos cantadores. Esse grande sucesso foi o livro do jornalista de Campina Grande, Orlando Tejo, de título *Zé Limeira, o poeta do absurdo.*

Orlando Tejo foi um dos mais importantes intelectuais do nordeste brasileiro. Nascido na rua da Lapa em Campina Grande, no ano de 1935, é filho do juiz Orlando de Castro Pereira Tejo. Formou-se bacharel em direito pela Universidade Católica de Pernambuco, mas sua verdadeira paixão era a poesia, o jornalismo e a literatura. Grande poeta, transferiu-se para Recife em 1956, onde trabalhou no Diário de Pernambuco. Oriundo da classe média, praticante de uma vida boêmia, circulava entre as rodas intelectuais da capital, juntamente com Ascenso Ferreira e Carlos Pena Filho. Nada disso, no entanto, facilitou a publicação de seu livro, escrito entre os meses de novembro de 1968 e janeiro de 1969.

Toda a saga sobre a dificuldade de publicação de *Zé Limeira, o poeta do Absurdo*, Tejo relata no prefácio "O vai-e-vem do sai-não-sai", na terceira edição do livro. Muitos editores analisaram a obra, em Campina Grande, João Pessoa, Rio de Janeiro e Brasília. Para Tejo, a penúria para a publicação do livro era sofrida, ele dizia: "não havia saída. O Vietnã seria mais ameno. Ou eu publicava o miserável ou me 'internava' ".

Em 1973, ano em que o ditador de turno no Brasil era Garrastazu Médici e as ditaduras da América Latina preparavam a realização conjunta da Operação Condor, o livro de Tejo finalmente é publicado na Paraíba, tornando-se um estrondoso sucesso editorial, republicado em muitas edições e até mesmo pirateado em outras regiões do Brasil. Mais do que um sucesso de vendas, o livro exerceu uma enorme influência nos novos movimentos culturais que estavam sendo gestados no nordeste brasileiro.

É que os versos de Zé Limeira desafiavam a ordem do próprio repente, subvertiam o conceito de oração do cantador-repentista. A ideia de oração então fixada na cantoria determinava que cada verso do repente, além de respeitar a rima e a métrica de acordo com a deixa, devia ter uma coerência interna, mantendo um diálogo que respondesse à oração do interlocutor e, também, ter uma relação direta com o mote ou o tema dos baiões.

O subversivo Zé Limeira, como descrito por Orlando Tejo, mandava a oração para as cucuias. Era, como o próprio Tejo definiu, um poeta surrealista. Ao desafiar a própria regra do repente, Zé Limeira inspirava uma nova geração de artistas a também serem a seu modo subversivos, em um contexto de censura e forte repressão política. Era uma inversão retórica que abria espaço para o desafio ao poder, à ordem e, por óbvio, à própria repressão. E esse espaço era aberto não através de uma manifestação cultural importada, de uma contracultura oriunda de uma metrópole estrangeira, preparada para o consumo em uma região colonizada, mas era encontrado exatamente nas raízes históricas e culturais do próprio nordeste brasileiro, fato que ampliou a sua força simbólica.

Os versos de Zé Limeira inspiraram, por exemplo, a poética do cantor cearense Antônio Carlos Belchior, quando escreveu as três quadras que compõem a canção "Sujeito de Sorte", registrada em seu disco *Alucinação*, de 1976. Ainda que versos semelhantes pudessem estar circulando entre diferentes cantadores, Zé Limeira disse — e assim Belchior leu no livro de Tejo — a seguinte sextilha:

> Eu já cantei no Recife,
> dentro do Pronto Socorro.
> Ganhei duzentos mil réis,
> comprei duzentos cachorro.
> *Morri no ano passado,*
> *mas esse ano, eu não morro.*

Contribuiu também para o sucesso de vendas do livro de Tejo uma grande polêmica que se abriu sobre a verdadeira autoria dos versos registrados na obra. Orlando optou por escrever uma obra fortemente ficcional, narrando fatos, personagens e cantorias completamente inverossímeis, um verdadeiro romance que cobriu de mística a vida do cantador Zé Limeira.

Em um dos capítulos, Tejo afirma, por exemplo, que uma cantoria realizada por Zé Limeira em 1951 na cidade Lagoa Seca, na Paraíba, foi gravada por um equipamento de fita magnética. É muito improvável que existisse um caríssimo gravador de fita magnética no sertão paraibano naquele ano. No capítulo "A cantoria que não foi ouvida", Tejo faz uma verdadeira descrição romântica e fantástica do ambiente de um cabaré em Campina Grande, onde estava prevista uma cantoria com Zé Limeira. Os personagens, o ambiente e o enredo são de fazer inveja a qualquer autor da segunda fase do romantismo. As próprias referências históricas contidas em alguns versos, fazendo alusão a fatos posteriores à década de 1950, demonstram que a real autoria não poderia pertencer ao cantador Zé Limeira.

Nessa polêmica, alguns foram até mais radicais e chegaram a afirmar que o próprio cantador Zé Limeira não havia existido, sendo apenas uma invenção do autor-criador Orlando Tejo. É um radicalismo que não se sustenta, já que Zé Limeira têm família e local de nascimento conhecidos, além de várias testemunhas que atestam terem convivido e realizado cantorias com ele.

É na recuperação desse debate da autoria que o papel de Otacílio Batista ganha relevância. Além das várias referências diretas e indiretas que são feitas à Otacílio no interior do livro de Tejo, são muitas as testemunhas que atestam o seu papel como criador de fato de muitos dos versos atribuídos a Zé Limeira. Para entender o papel de Otacílio na reconstrução mítica da poética limeriana é preciso se aprofundar um pouco na história do cantador Zé Limeira e no conteúdo do livro de Tejo: *Zé Limeira, o poeta do absurdo.*

Caboclo de estatura avantajada, desinibido e desabusado, doublê de menestrel e jagunço, carismático, abriu os olhos para a vida no chapadão da Serra do Teixeira. Analfabeto de pai, mãe e avós, José Limeira se constituiu no ídolo da grande massa ignara do sertão bravio, graças ao porte invulgar, à simpatia pessoal e à voz tonitruante casada a uma dicção perfeita. Ao cantar, costumava amarrar ao pescoço extravagante lenço cor de sangue-de-boi, com um volumoso nó à altura da laringe, onde trazia pendurado ordinário e aberrante anelão de pedra azul realizando violento contraste de cores. As mãos estavam sempre enfeitadas por dez, doze e, às vezes, quinze anéis que reluziam enquanto os grossos dedos tangiam ágil, meticulosa e compassadamente a dúzia de cordas da viola, todas afinadas numa só tonalidade.[2]

Foi dessa maneira que Orlando Tejo descreveu Zé Limeira, descrição que é compartilhada por muitos cantadores e apologistas que participaram de suas cantorias. Essa postura estética revolucionária combinava com uma poética também intuitivamente revolucionária, que invertia a lógica da oração na poesia de repente. A essa inversão na oração dá-se o nome de *disparate*, pela sua própria característica de ser ilógica, absurda e situar-se fora da realidade formalmente estabelecida. Zé Limeira cantou sextilhas como essas:

> Eu me chamo Zé Limeira,
> da Paraíba falada,
> cantando nas escritura,
> saudando o pai da coaiada.
> A lua branca alumia
> Jesus, José e Maria,
> três anjos na farinhada.

> Meu verso merece um rio
> todo enfeitado de coco,
> boa semente de gado,
> bom criatório de porco.

2. TEJO, Orlando. *Zé Limeira: o poeta do absurdo*. 3. ed. Natal, RN: Embaixada de Pernambuco no RN, 1974.

Dizia Pedro Segundo
que a melhó coisa do mundo
é cheiro de arroto choco.

Meu nome é José Limeira,
cantadô veio moderno.
Das palangana do vento,
dos quelés do Padre Eterno,
Sou nego de fim de rama
da castrápole do inferno.

Era sua marca registrada zombar de personagens históricos e inverter acontecimentos e lugares, descrevendo situações absurdas. Ele disse:

Napoleão era um
bom capitão de navio:
sofria de tosse braba,
no tempo que era sadio.
Foi poeta e demagogo,
numa coivara de fogo
morreu tremendo de frio.

Quando a princesa Isabé
escapou do cativeiro
arrodiou pro Monteiro
vei se escondê em Sumé.
Foi quando uma cascavé
mordeu-lhe a junta da mão.
Foi morrer lá no feijão
dum jeito de fazê pena.

Em uma peleja com o cantador Antonio Barbosa, em Juazeirinho (PB), Barbosa insere o tema da geografia na oração e pergunta a Zé Limeira o que ele sabe dessa ciência. Limeira responde na lata:

> Colega, a geografia
> é dois pato, uma marreca,
> é dois braço, duas perna,
> duas mão, duas munheca.
> Colega, sustente as calça,
> vamos subir a cueca.

Estupefato, Barbosa questiona o pensamento de Zé Limeira, em um mourão que termina por revelar, com as mais belas figuras da linguagem poética, como pensava o poeta do absurdo. É Limeira quem inicia o mourão:

> Oficial de justiça,
> bode, marreco e tatu.

BARBOSA:
> Eu só queria saber
> em que é que pensas tu

LIMEIRA:
> Eu penso nos arribambos,
> mocós, tacacas, mulambos,
> bonde, carroça e zebu

Até mesmo sobre temas políticos Zé Limeira tinha um verso de disparate pronto para dizer:

> Não intendo de inleição
> que lá no Tauá não tem.
> Porém, seu eu fosse votá,
> entretanto, mas porém,
> eu só votava se fosse
> num burro manso ou num trem.

Quando falava de amor, as figuras de linguagem do disparate tomavam contornos belíssimos e revelavam um ponto de vista afetivo que expressava muito da visão romântica do sertanejo.

Não tem coisa mais bonita
do que a cara da lua.
Uma muié passiando
pula calçada da rua,
quando vai bem alinhada,
bem formosa, bem taiada,
com as perna quase nua.

Já namorei uma Rosa
que era nega cangaceira.
Gostava de fazer feira,
tinha uma boca mimosa.
Mas por modo dessa prosa
escrevi pra Santa Rita.
Ronca o pombo na guarita,
passa um poico no chiqueiro,
Diz o bode no terreiro:
viva a moça mais bonita

Eu só gosto dessa moça
porque tem vegetação.
Porteira de pau-a-pique,
três pneu de caminhão,
rabo de jumenta russa
e haja chuva no sertão.

Orlando Tejo descreveu um cantador Zé Limeira vencedor de pelejas, superando seus adversários em cantoria. Nos vários bordões que são ditos no texto, um é bem repetido por Limeira: *cantador pra cantar comigo tem que ter foigo de sete gato*. Todos os cantadores que confrontaram o poeta do absurdo terminam por emborcar a viola e abandonar a peleja. Era mestre no tema da pabulagem, em contar vantagem: *sou o cantador malhó que a Paraíba criou-lo*, dizia.

> Zé Limeira quando canta
> estremece o cariri.
> As estrela trinca os dente,
> leão chupa abacaxi,
> com trinta dias depois
> estoura a guerra civi.

Essa descrição de um Limeira soberano nas pelejas é, talvez, a maior ficção criada por Tejo. A oração de disparate era na verdade amplamente mal vista pela geração de cantadores mais antiga. Cantar como Zé Limeira, dizer versos à moda limeiriana, foi algo sempre desprezado no meio da cantoria até a publicação do livro de Tejo. Nenhum cantador seria valorizado pelo público ou respeitado pelos companheiros cantando em disparate. Foi Pinto do Monteiro quem disse, ironizando os versos de disparate:

> Nesses dias vou fazer
> como o nosso Zé Limeira:
> comprar uns óculos escuros
> desses de tolda de feira,
> botar o bicho na cara,
> sair cantando besteira.

Dada a narrativa fictícia que Orlando Tejo construiu em seu livro, ficou aberta a polêmica sobre a verdadeira autoria dos versos de Zé Limeira. É voz corrente entre grande parte dos leitores de Tejo o papel fundamental de Otacílio como verdadeiro criador. Ariano Suassuna, por exemplo, afirma que

Orlando Tejo não tratou Zé Limeira como um personagem histórico. Ele o tratou como um personagem. Inclusive, por influência de um grande cantador chamado Otacílio Batista. Eu conheci Otacílio, foi meu amigo, e eu ouvi Otacílio contar muitos versos de Zé Limeira. Agora, ele inventava. Ele inventava o caso e inventava os versos. A maioria dos versos que estão lá atribuídos a Zé Limeira foi de autoria de Otacílio e Tejo anotou. Pode até ter inventado outros, que ele era poeta também.

O jornalista paraibano José Nêumanne afirma que o cantador Heleno Firmino jurava de pé junto que

os versos mais fesceninos foram criação muito de Otacílio Batista, a maioria dos versos, e alguns do próprio Tejo e outros poucos dele (Heleno). Ele, talvez por fidelidade a Tejo e Otacílio, nunca quis dizer quem era o autor de qual verso.

Já o cineasta Vladimir Carvalho relata uma entrevista que fez com Otacílio, quando fez a seguinte pergunta: "Você conheceu Zé Limeira?" Otacílio respondeu: "não sei, acho que eu conheci. E aquelas coisas do Limeira, a maior parte era tudo minha. Eu ia fazendo e iam incorporando, e diziam que é do Limeira. Eu não me incomodava." O poeta pernambucano Marcus Accioly, por sua vez, disse que Otacílio "fez muito verso atribuído a Zé Limeira, e isso foi decorado e virou um folclore e nós terminamos sabendo que existiam muitos Zés Limeiras".

No livro de Tejo, Otacílio aparece como personagem direto na descrição de uma cantoria totalmente improvável que teria ocorrido no palácio do governador Agamenon Magalhães, no período em que este, grande apologista do repente, estava em seu segundo mandato, agora pelo PSD, portanto entre 1951 e 1952. Esta cantoria teria reunido Lourival, Otacílio, Agostinho Lopes dos Santos e Zé Vicente da Paraíba. Em um dado momento da cantoria, Zé Limeira aparece de surpresa no palácio do governador, bate à porta e é convidado a entrar para participar da cantoria. Quando Zé Limeira começa a versar, Orlando Tejo faz a seguinte descrição:

O poeta do absurdo elegeu para seu parceiro Otacílio Batista (que, por sinal, foi quem me contou essa história), e os dois passaram a cantar um martelo agalopado. Otacilio para não fugir do figurino, fez o tradicional "brinde à dona da casa", fechando assim a estrofe:

> E antes que a nossa festa se finde,
> doutor Agamenon, receba o brinde
> que à dona Antonieta estou erguendo!

Seguindo a etiqueta, Limeira ergueu também o seu "brinde":

> Eu cantando para dona Antonieta,
> a muié do doutor Agamenon,
> fico como o reis magro do Sion
> me coçando na mesma tabuleta.
> Eu vou aqui rasgando a caderneta
> de Otacílio Batista Patriota.
> Doutor, como eu não tenho um brinde em nota
> que possa oferecer à sua esposa,
> dou-lhe um quilo de merda de raposa
> numa casca de cana piojota![3]

Mas é no penúltimo capítulo do livro, *A cantoria que não foi ouvida*, que uma referência fornece a chave para entender em qual contexto Orlando Tejo anotou de Otacílio a maioria dos versos atribuídos a Zé Limeira. Neste capítulo, Tejo descreve a cena de uma noitada com cantoria de repente em um prostíbulo de Campina Grande, na famosa rua que abrigava então o baixo meretrício da cidade, a rua Manoel Pereira de Araújo. Neste prostíbulo estava prevista uma cantoria entre Zé Limeira e José Gonçalves, mas um grande rebuliço que termina com a intervenção da polícia impede a cantoria de acontecer naquela noite. A confusão começa com a morte de um prostituta de nome Zulmira, carregada para um hospital botando sangue pela boca. A desgraça de Zulmira não abala a festa que continua no cabaré

---

3. TEJO, Orlando. *Zé Limeira: o poeta do absurdo*. 3. ed. Natal, RN: Embaixada de Pernambuco no RN, 1974.

ao som de um trio de forró, e a cena passa a ser dominada pela relação entre um clássico malandro de nome Agápio e a cafetina, dona do lugar, também prostituta e mãe de Zulmira, Dona Diva.

Dona Diva é descrita como uma velha que é assediada por Agápio na pista de dança até que um grande contingente policial decide intervir para prender o agressor, que foge de maneira espetaculosa. Toda narrativa é uma grande fantasia que tem como ponto importante entender como Tejo enxergava o ambiente de um cabaré campinense daquele período. Em um determinado ponto ele diz, descrevendo dona Diva: "mulher infeliz, dona Diva teve dois filhos: Otacílio tombara no campo de batalha no crepúsculo da Segunda Guerra Mundial, defendendo a honra da Pátria". Tejo decidiu "homenagear" Otacílio Batista, que efetivamente se alistou e se preparou para lutar a Segunda Guerra Mundial, como o filho da puta da história.

Possivelmente, aqui está o cenário onde Tejo ouviu os versos que Otacílio criou e que foram atribuídos a Zé Limeira: em noitadas em cabarés, fazendo versos para um público privado, Otacílio performava Zé Limeira e fazia versos com oração em disparate. Orlando Tejo anotou esses versos de boemia e, genialmente, criou a narrativa do poeta do absurdo.

Através de uma análise criteriosa é possível identificar o estilo de Otacílio em muitos dos versos atribuídos a Zé Limeira. Certamente são de Otacílio os versos em oito pés, que era sua especialidade, nos quais se encontram também referências comuns a seus temas, como a alusão ao cavaleiro Ferrabraz:

> Assim ficou São José
> vivendo com a muié.
> Quando não tinha café
> ela fazia pirão
> de caroço de algodão.
> Fazia seu santo unguento,
> tomava e dava ao jumento
> nos oito pés ao quadrão.

São José no santo Egito
cantava bom e bonito,
quando ele atochava um grito
assombrava até leão.
Comia sopa de pão
prá ficá forte e valente,
convidava São Vicente
pra cantá oito a quadrão.

Na gruta de Ferrabraz
São tomé caiu pra trás,
pisou no calo do Braz,
comprou um maço de pão.
Comeu que caiu no chão,
o resto deu ao menino
que ali solfejava um hino
nos oito pés a quadrão.

Aqui eu cantando só,
sou parente de mocó,
quando a goela dá um nó
grito por São Damião.
Sou cachimbo de trovão,
resadô do mês de maio,
curo as mágoa com orvaio
dos oito pés ao quadrão.[4]

Muito provavelmente também são de Otacílio os versos de conotação sexual mais explícita, tema que encontrava dificuldade em ser publicado na época em razão da censura vigente e que só poderia ser registrado atribuindo sua autoria a um autor fictício:

---

4. TEJO, Orlando. *Zé Limeira: o poeta do absurdo*. 3. ed. Natal, RN: Embaixada de Pernambuco no RN, 1974.

Pedro Álvares Cabral,
inventor do telefone,
começou tocar trombone
na volta de Zé Leal.
Mas como tocava mal,
arranjou dois instrumento.
Daí chegou um sargento
querendo enrabar os três,
quem tem razão é o freguês,
diz o novo testamento.

Frei Henrique de Coimbra,
sacerdote sem preguiça,
rezou a primeira missa
na beira de uma cacimba.
Um índio passou-lhe a pimba,
ele não quis aceitar
e agora veve a berrar
detrás de um pau de jureme.
O bom pescador não teme
as profundezas do mar.

O veio Thomé de Souza,
governador da Bahia,
casou-se e no mesmo dia
passou a pica na esposa.
Ele fez que nem raposa:
comeu na frente e atrás.
Chegou na beira do cais,
onde o navio trafega,
cumeu o Padre Nobréga,
os tempos não voltam mais.[5]

5. *Ibidem.*

Através da criação de Otacílio, Zé Limeira pôde até mesmo versar sobre o célebre mote dado por Raimundo Asfora: *trago n'alma as tatuagens/ da minha origem cigana*:

> Sou caboco de Tauá,
> quem quiser me dissimú-lio.
> Lampião matou Getúlio
> no sertão do Ceará.
> Viola, banjo e ganzá
> eu toco toda sumana.
> O vento da palagana
> me açoita toda viage.
> *Trago n'alma as tatuagens
> da minha origem cigana.*[6]

Nas páginas 76 e 77 da segunda edição da *Antologia Ilustrada dos Cantadores*, de 1982, Otacílio assume a autoria dos versos que inspiraram Belchior. Falando sobre os diferentes temas da oração no repente, ele diz:

No disparate, temos que considerar o absurdo e o não absurdo. No primeiro caso, a narrativa apresentada jamais aconteceu ou acontecerá, em virtude de fugir totalmente da realidade. Nesta estrofe feita por Otacílio e atribuída a Zé Limeira, temos um exemplo do que seja absurdo:

> Eu cantei lá no Recife,
> dentro do pronto-socorro:
> ganhei trezentos mil réis,
> comprei duzentos "cachorro".
> Morri no ano passado,
> mas, este ano, não morro![7]

---

6. *Ibidem.*
7. BATISTA, Otacílio; LINHARES, Francisco. *Antologia ilustrada dos cantadores.* 2. ed. Fortaleza, CE: UFC, 1982.

Quando o livro de Orlando Tejo finalmente é publicado, em 1973, Otacílio negava solenemente a autoria de qualquer um daqueles versos atribuídos a Zé Limeira. Muitas vezes, tratava o tema na brincadeira que era sua característica, rindo dos versos de disparate. É certo que seus irmãos, Lourival e, especialmente, Dimas Batista, assim como grande parte da geração de velhos cantadores a quem Otacílio estava ligado, jamais veriam com bons olhos quem fizesse oração em disparate. Certamente esta visão tradicionalista pesou na atitude de Otacílio para com autoria.

Mas quando o livro de Tejo se transforma em um grande sucesso de vendas, chegando já a sua quinta edição antes de 1980, a atitude de Otacílio muda e ele, de maneira indireta, passa a requerer alguma participação na autoria do livro. O caminho que encontra é o de denunciar Orlando Tejo ao Conselho Estadual de Cultura de Pernambuco por ter cometido plágio, no ano de 1976. A denúncia no interior do conselho de cultura não tem consequências, e Otacílio passa então a se dedicar a ser ele próprio um editor de livros, publicando juntamente com Francisco Linhares a *Antologia Ilustrada dos Cantadores* e muitos outros livros que serão, em grande parte, também fonte de sua sustentação financeira dali em diante. Em função deste episódio, as relações pessoais entre Otacílio e Orlando Tejo vão permanecer estremecidas, e os dois ficarão afastados até a morte de Otacílio.

Capítulo 11

Que pé de mandacaru nunca deu sombra a ninguém

NO INÍCIO DA DÉCADA DE 1970, quando Otacílio chegava de mudança com toda a família no bairro da Varjota, em Fortaleza, o universo da cantoria de repente começava a sofrer uma grande transformação, comparável àquela que ocorreu com a expansão dos programas de rádio, a partir da década de 1950. Na medida que as instituições de nível superior cresciam em presença e importância nas cidades do nordeste e o ambiente acadêmico tomava contato e se relacionava com o universo da poesia de repente, foram retomados, em outro nível e dimensão, os antigos festivais de cantadores que haviam marcado a história do repente a partir de 1947, no Teatro José de Alencar.

Era o momento também em que a carreira de Otacílio como cantador passava por um período de vacas magras. Quando Dimas retirou-se da profissão para se concentrar na atividade de professor no Vale do Jaguaribe, Otacílio viu-se privado de seu principal parceiro de cantoria e de locução nos programas de rádio, como o da Rádio Clube do Recife. O dinheiro apostado no jogo e gasto nas bebedeiras também cobrava sua paga, de maneira que Rosina e Otacílio, com seus dez filhos, chegam em Fortaleza vivendo uma situação financeira que não era nada confortável. Com mais de trinta anos vivendo da profissão de viola, Otacílio ainda buscava com que a atividade de cantador pudesse pagar a feira.

O golpe militar de primeiro de abril de 1964 também havia marcado de maneira profunda a história do Brasil, mas foi particularmente cruel com a população do nordeste. Como afirma Celso Furtado,[1] para os nordestinos em particular, seu dano mais nefasto foi a interrupção do processo de reconstrução das anacrônicas estruturas agrárias e sociais de nosso país, numa região onde eram mais deletérios os efeitos do latifundismo e, paradoxalmente, mais profundo o movimento renovador em curso, interrompido pela força bruta da repressão política.

A enorme centralização e repressão políticas produziram por outro lado, como que em um efeito colateral, o assim chamado *milagre econômico brasileiro*, ocorrido nos primeiros anos da década de 1970, no governo que contou com maior número de desaparecidos e torturados no país, o do general gaúcho Emílio Garrastazu Médici. O milagre econômico foi a consequência indireta de um enorme afluxo de capital estrangeiro que inundou o Brasil em busca das altas taxas de lucro propiciados por um governo corrupto que extrapolava os limites da exploração da força de trabalho e do meio ambiente. Várias empresas multinacionais vieram para o Brasil aproveitar essa possibilidade de lucro fácil, utilizando a mão de obra barata que afluiu do campo para a cidade a partir do êxodo rural. Já que os militares não tinham propriamente um projeto de nação que pudesse orientar a alocação dessa enorme quantidade de novos recursos que surgiram, o comando da política econômica nacional coube a um economista genuinamente paulistano, tanto de origem quanto de pensamento político: Antônio Delfim Netto.

Delfim era partidário do que hoje é chamado de heterodoxia em ciência econômica. Buscando erigir o estado como indutor do desenvolvimento nacional, ele criou mais de 274 estatais neste período, como a Telebrás, a Embratel e a Infraero. No período em que os cargos públicos eram ocupados por indicação política

---

1. FURTADO, Celso. O golpe de 1964 e o nordeste. *Cadernos do Desenvolvimento*. Rio de Janeiro, v. 7, n. 11, p. 212-215, 2012. Semestral.

e não por concurso público, esses aparatos estatais fortaleciam também a estrutura de poder a serviço da ditadura.

Surgiram nesse período empresas privadas brasileiras que tinham pequena demanda de capital e grande demanda de mão de obra. Já as empresas multinacionais tinham suas atividades focadas no setor de capital intensivo, enquanto as estatais investiram seus recursos em forças armadas, energia e telecomunicação. Para consolidar o crescimento rápido, foi implantada uma expansão de mercado, tanto o interno quanto para a exportação que visava os países de terceiro mundo, mas também vários países industrializados, como EUA e países da Europa. As empresas multinacionais que aqui se instalaram tiveram enormes benefícios no acesso à matéria-prima mas, principalmente, à mão de obra, já que o governo mantinha os salários sempre baixos e quaisquer manifestações em busca de melhoria salarial eram respondidas de forma violenta. A ditadura estabilizou no curto período os ganhos dos pobres e favoreceu o acréscimo aos rendimentos da classe média e dos profissionais especializados. Mas o grande favorecido foi mesmo o grande capital: o bolo cresceu como nunca antes na história do país — o PIB nacional passou de 33 bilhões de dólares para mais de US$ 200 bilhões em 10 anos — e continuou sem nunca ser justamente dividido.

Nessa época, Otacílio publicou o cordel: *Tudo sobe com Delfim/ neto, que não tem mais fim* e disse:

> A inflação noite e dia
> arranca os olhos da cara.
> O pobre faminto encara
> a cara da carestia.

Um neto não sei de quem
está feito um bicho papão.
Vem guilhotinando o povo
com a navalha da inflação.
Ele nada em toda onda,
quem for piaba se esconda
da boca do tubarão.

Do baixo ao médio ambiente
brada o povo a todo instante:
essa inflação galopante
vem matando muita gente.
Sobe o preço da semente
na mão dos revendedores.
Num parto cheio de dores,
sobe o preço da parteira.
Só não sobe a macaxeira
dos velhos agricultores.

Sobe o preço do cigarro,
farinha, milho e feijão.
Quem comprava um caminhão
só sente o cheiro do carro.
Mora num rancho de barro
quem morava num catete.
Disse um velho sem colete,
coçando as beira do fundo,
sobe tudo neste mundo
só não sobe o meu cacete.

Outro efeito do milagre econômico, que impactou especialmente a realidade do nordeste brasileiro, foi o novo papel atribuído às universidades brasileiras. Durante esse período, o ensino superior cresceu sem freios. Os 456.134 alunos de 1970 passaram a 1.345.000 em 1980. As 50 universidades e 466 unidades isoladas ou federações de escolas multiplicaram-se, em uma década, para 65 e 810, respectivamente. Seria difícil imaginar-se uma expansão dessa grandeza sem atropelos. Os novos contingentes reclamaram sucessivas mudanças que as estruturas de ensino não estavam preparadas para absorver. Os 2.166 cursos oferecidos em 1970 atingiram, dez anos mais tarde, o número de 4.079. Em apenas cinco anos (1974-79), os estabelecimentos que dispunham de 8.085 doutores começaram a abrigar mais de 11.000, e os titulares de mestrado, que apenas somavam 7.627, ultrapassaram, em 1979, a casa dos 17.400.[2]

Essa nova comunidade universitária que surgia encontrou-se no nordeste com a poesia de repente. Estudantes e professores passaram a ver nos cantadores genuínos representantes da cultura nacional, editoras universitárias abriam as portas para o registro do repente e, desse amálgama, ressurgiram com força os festivais de cantadores, especialmente um que teve grande público e repercussão, sendo palco fundamental para o surgimento dos novos poetas repentistas: o Congresso Nacional de Violeiros, realizado pela primeira vez em Campina Grande, no ano de 1974.

O início da década de 1970 marca também o surgimento de uma nova geração de cantadores que alcançava o auge de sua carreira neste período. Diferente da geração anterior, que havia feito sua formação em repente escutando os cantadores em pés-de-parede e cantando nas feiras, a geração de então foi enormemente influenciada pelos cantadores que estava no rádio. Otacílio era, portanto, uma referência fundamental para qualquer cantador que despontava naquele período.

---

2. COSTA, Luiz Fernando Macêdo. A universidade brasileira na década de 1970. *Revista Brasileira de Educação Médica*. [S.L.], v. 5, n. 2, p. 79-80, ago. 1981. FAPUNIFESP (SCIELO).

O cantador Lourinaldo Vitorino, irmão de Diniz Vitorino — parceiro de Otacílio em muitas ocasiões — relata que conheceu Otacílio pessoalmente em uma cantoria realizada em um hotel na cidade de Garanhuns. Lourinaldo à época tinha 15 anos, e se apresentou no intervalo entre um baião e outro dizendo versos de aboio. Criado no sítio, no meio mesmo da cultura dos vaqueiros, sem nenhum estudo formal, Lourinaldo não dominava na época as regras de métrica e rima da cantoria, muito menos as regras da norma culta da língua portuguesa. Em um dos versos, Lourinaldo disse que tinha "dificuldade" em cantar em frente a Otacílio e Diniz. Seu irmão, Diniz, ficou revoltado com a apresentação de Lourinaldo, e ao final da cantoria deu uma bronca no irmão, dizendo que ele envergonhava a família cometendo erros tão crassos assim em público. Lourinaldo ficou desolado.

Ainda assimilando a bronca que o irmão tinha dado, Lourinaldo sentiu a mão de Otacílio tocando o seu ombro e dizendo:

— Lourinaldo não fique triste, não. Diniz tá dizendo essas coisas porque tem inveja de você. Você tem mais talento de repentista que ele, tem a voz melhor e ainda tem mais carisma. Você só precisa estudar mais, ler, para fazer versos melhores. Não desista porque você tem futuro.

Lourinaldo ainda afirma que o incentivo de Otacílio foi muito importante para que desse seguimento na sua carreira.

Das dezenas de grandes poetas que aparecem para o público no período, tem grande destaque o papel cumprido pelo pernambucano de Caruaru, Ivanildo Vila Nova. Ivanildo é filho do também cantador José Faustino Vila Nova. Nascido em 1945, Ivanildo relata que resistiu o quanto pode a se tornar cantador, mas terminou cedendo aos desejos de seu pai e assumindo a profissão de violeiro. Na década de 1960, quando Ivanildo tentava se firmar na profissão, a estratégia encontrada foi a de desafiar os grandes cantadores repentistas, dando-lhes uma surra em repente, para assim fazer seu nome. O jovem Vila Nova conjugava muito bem os elementos da cultura oral com os da cultura escrita. Ele levou a um outro patamar o ato de fazer um *trabalho*, ou seja, preparar-se para uma cantoria estudando profundamente um determinado tema, para assim superar o cantador oponente na peleja.

Para a geração de cantadores do fim do século 19, o ato de fazer trabalho era visto com preconceito e assemelhado em, muitos casos, ao ato de cantar balaios. Os Vates mais velhos assumiam muitas vezes um sentido muito forte para o conceito de improviso, que não deixava margem para nada que não surgisse efetivamente de repente na mente do cantador, inspirado apenas pela própria genialidade poética individual. Ocorre que a própria necessidade de contato com novos temas, agora típicos da vida urbana e não da rural, exigia dos cantadores a pesquisa, o estudo e a leitura. Era preciso agora saber, e inserir nos baiões, as novidades da conjuntura europeia, da União Soviética, da Revolução Chinesa, do liberalismo inglês, da guerra no Vietnã e muito mais. A cultura escrita ia impondo sua influência sobre a cultura oral, e o trabalho preparatório para o improviso se torna cada vez mais necessário.

Os irmãos Batista, especialmente Dimas e Otacílio, foram os alvos preferidos por Ivanildo nessa busca por bater nos velhos cantadores para fazer seu nome. Conseguir a façanha de vencer um dos irmãos Batista em baião era algo que certamente seria comentado em todo país. Como Dimas havia se afastado da profissão de cantador, Otacílio se tornava o alvo principal. Essa atitude bélica de Ivanildo vai provocar uma posição de desavença permanente com Otacílio, de modo que os dois vão se encontrar na cantoria apenas em momentos de apresentação festiva, na abertura de um congresso de cantadores ou se apresentando diante de alguma autoridade. Toda a intriga ficou nos bastidores, e uma peleja de verdade entre os dois, que deixasse os versos guardados, infelizmente, nunca aconteceu.

É nesse contexto ainda que Ivanildo Vila Nova se destaca arregimentando em torno de si, na organização dos festivais e de cantorias com cachês e patrocinadores, vários cantadores importantes da nova geração. Juntamente com José Gonçalves, Moacir

Laurentino, Santino Luiz e ainda com o apoio do poeta José Laurentino e a participação fundamental do advogado Apolônio Cardoso, Vila Nova organizou a ARPN (Associação de Repentistas e Poetas Nordestinos) e, através dela, o Congresso Nacional de Violeiros em Campina Grande , festival anual que teve grande audiência de 1974 até o início da década de 1980.

O primeiro festival, de enorme sucesso, contou com as apresentações especiais, portanto fora da disputa, de Pinto do Monteiro e Lourival Batista. Após três noites de apresentação, a dupla vencedora foi Ivanildo Vila Nova e Moacir Laurentino. Otacílio nunca concorreu no Congresso Nacional de Violeiros. Em uma cantoria com Otacílio, Moacir Laurentino se gabava de ter sido vencedor do congresso de Campina Grande, e terminou a sextilha dizendo:

> A taça lá de Campina
> eu trouxe na minha mão.

Otacílio resolveu ferir a vaidade de seu amigo Moacir, dizendo que o "seu patrão", Ivanildo Vila Nova, era quem tinha o mérito da vitória:

> Agradeça a seu patrão,
> um rapaz que canta bem.
> Ele tem o que cantar,
> você o que cantar não tem,
> que pé de mandacaru
> nunca deu sombra a ninguém.

A atitude bélica de Ivanildo também terminou por contribuir para gerar uma divisão entre os cantadores repentistas que passaram posteriormente a dividir-se em dois grupos distintos. De acordo com o professor João Miguel Sautchuk,[3] desde os anos

---

3. SAUTCHUK, João Miguel. *A poética do improviso: prática e habilidade no repente nordestino.* Brasília: Unb, 2012.

70 os festivais foram dominados por poetas pertencentes a uma geração e, em fins dos anos 80 e início dos 90, cantadores mais jovens criticavam a tendência de promoventes de festivais de privilegiar os já consagrados tanto nos convites quanto nos julgamentos (fazendo o "nome", isto é, o prestígio, pesar sobre as notas das comissões julgadoras).

O grupo chamado de "mais velho" acusava os "mais jovens" de prejudicar os mais velhos nos festivais que estes organizavam, e que alguns desses festivais eram "escritos", estratégia de concorrência que os mais velhos julgavam desleal. Do lado dos "mais velhos" ficaram Valdir Teles, Sebastião da Silva, Moacir Laurentino, Ivanildo Vila Nova, Geraldo Amâncio, Zé Cardoso, Louro Branco e João Lourenço. Do lado da "nova geração" figuravam Raimundo Nonato, Nonato Costa, Edmilson Ferreira, Antônio Lisboa, Rogério Meneses, Raimundo Caetano (que depois mudou de lado) e Hipólito Moura. Sebastião Dias, João Paraibano e Severino Feitosa (histórica e cronologicamente vinculados à geração mais experiente) preferiram não aderir a nenhum dos grupos. Otacílio, que já estava com 40 anos de viola quando esta divisão se consumou, não participou de nenhum dos grupos, mas produziu na época essas décimas com críticas às mudanças que estavam em curso no universo da cantoria:

> Comecei a cantar muito criança
> quando ainda existia sentimento,
> não havia rancor nem fingimento,
> era o mundo um poema de esperança.
> O respeito era firme como a lança
> de um herói que não foge das batalhas.
> Nesse tempo a poesia eram medalhas
> projetando o tapete da alvorada.
> Hoje em dia vem sendo comandada
> por cabeças de ferro dos canalhas.

Cantador atrasado, sem lembrança,
não conhece as lições da velha escola.
Envergonha o passado da viola,
não merece do povo a confiança.
No abismo sem luz ele se lança,
sem poesia, sem alma e sem grandeza.
No lugar da certeza, a incerteza
sai voando com ele no escuro.
Sem destino, sem rumo, sem futuro
como um verme ao rigor da correnteza.

Se houvesse uma lei que proibisse
cantadores ruins na profissão,
ficariam cantando no sertão
geniais repentistas, sem tolice.
Se o direito dos homens me ouvisse,
para ele eu diria essa verdade:
A poesia pertence à divindade,
é bandeira sublime tremulando.
Botaria um projeto eliminando
cantadores de baixa qualidade.

Quando o epicentro dos acontecimentos da poesia de repente se voltou novamente para a Paraíba, o caso de amor de Otacílio com essa região se fortaleceu. A Rádio Dragão do Mar em Fortaleza sofria com a intervenção dos militares e o programa na Rádio Clube do Recife não oferecia vantagens em razão das restrições que a direção da empresa impunha. O programa *De repente a viola*, na rádio pública Tabajara FM, de propriedade do governo do estado da Paraíba, por outro lado, ia de vento em popa. Otacílio comandava o programa fazendo parceria com Clodomiro Paes, que antes de ser cantador havia sido soldado de polícia. *De repente a viola* fazia grande sucesso e a direção da emissora fazia propostas de aumentar sua frequência na programação, ainda que pesasse que o timbre de voz de Clodomiro não fosse adequado para a difusão em rádio. Através do programa, Otacílio se mantinha conhecido pelo público, vendia seus livros e discos e entrava em contato com apologistas para organizar cantorias, inclusive em estados do sudeste. Todo ambiente se dirigia para o encerramento precoce do ciclo de Otacílio em Fortaleza, e ocorreram ainda outras duas paixões que aceleraram ainda mais o início de um novo ciclo.

Maria da Guia era uma das maiores apologistas da poesia de repente na capital paraibana. Funcionária do INPS (Instituto Nacional de Previdência Social), solteira e com alto salário, ela dedicava seu tempo livre a frequentar cantorias, conhecer os cantadores e decorar os versos. Sua casa era cedida para abrigar os cantadores de passagem por João Pessoa. Nela, Otacílio tinha um lugar especial e sempre que vinha à Paraíba se alojava por lá. Maria da Guia tinha verdadeira devoção por Otacílio e foi, talvez, quem mais insistiu e apoiou para que ele se mudasse de Fortaleza e viesse com toda a família viver em João Pessoa. A paixão entre os dois, com idas e vindas, foi duradoura. Como Maria da Guia não tinha filhos, após sua morte deixou em testamento uma pequena casa como herança, propriedade que foi repartida entre os filhos de Otacílio.

A segunda paixão de Otacílio que contribuiu para que a mudança para João Pessoa se acelerasse teve início no ano de 1975, na cidade de São Paulo. Lá ele conheceu um cantador-repentista com voz altissonante e grave, muito parecida com a sua própria, o pernambucano nascido no Sítio Contador, entre as cidades de Caruaru e Canhotinho, Oliveira Francisco de Melo, o conhecido Oliveira de Panelas.

A primeira vez que Oliveira encontrou Otacílio pessoalmente foi com 12 anos de idade, em 1958. Otacílio era o cantador predileto do pai de Oliveira, um trabalhador rural e grande incentivador de sua carreira de repentista. À época, Otacílio fazia um programa na Rádio Difusora de Caruaru, muito ouvido no Sítio

Contador, em Panelas, e foi convidado pelo dono do local, Coronel Zezinho, que era um apologista, para realizar uma cantoria juntamente com Dimas. Aquela cantoria foi um dos marcos do início da formação de Oliveira em repente.

O primeiro encontro profissional entre os dois ocorreu quando Otacílio fazia uma série de cantorias em São Paulo, acompanhado de Diniz Vitorino, no Recanto dos Poetas, no bairro central do Brás. Oliveira estava morando na capital paulista desde 1971 com a família e começava a construir de maneira firme sua carreira de cantador. Organizava em São Paulo a Academia dos Poetas Nordestinos e havia acabado de gravar, junto com o cantador João Quindingues, o LP *Coletânea de Repentistas – série Brasil Caboclo*. De acordo com Oliveira:

> quando Otacílio chegou, os cantadores mais velhos falaram a ele que ali tinha um repentista que cantava Lua Divina no violão de maneira belíssima. Eu era fã de Otacílio. Ele viajava com Diniz Vitorino, mas a cantoria dos dois não se encaixava bem. Eu encontrei com ele e tirei Lua Divina na viola, dedilhado, e ele adorou. Aí ele me convidou: olha, eu tenho um programa na Rádio Tabajara, e queria que você fosse para João Pessoa fazer dupla comigo. A gente teve uma ligação imediata. Eu sou do signo de gêmeos, ele é de libra, é o par mais ardente do zodíaco em termos de amor. Ele cantava com Clodomiro Paes na Tabajara, mas a voz de Clodomiro não era boa para rádio, e por isso Otacílio queria trocar a dupla. A divergência que tinha entre eu e Otacílio era ciúme só. Ciúme de homem, de macho com macho. Eu era o novo talento, mas ele era o cartaz. Ele me persuadiu com elegância para ir para João Pessoa e fazer dupla com ele. Não tem uma semana na minha vida que eu não sonhe, no mínimo, duas vezes por semana com Otacílio. Só coisas boas, eu morrendo de rir com as presepadas dele.

Em agosto de 1975, após um período de adaptação, Oliveira chegava com a família de malas e bagagens para apresentar o *De Repente a Viola* em dupla com Otacílio. Assim teve início a parceria que seria mais duradoura na carreira de Otacílio.

Aproveitando-se da abertura que as universidades forneciam aos cantadores, em 1976 Otacílio conclui e publica, em parceria com Francisco Linhares, funcionário da Universidade Federal do Ceará (UFC) e grande apologista da poesia e repente, a *Antologia Ilustrada dos Cantadores*, documento de mais de quinhentas páginas que recupera as glosas e as histórias de quase 300 cantadores repentistas. Para escrever a *Antologia Ilustrada*, Otacílio inspirou-se no trabalho pioneiro feito pelo escritor, cordelista e editor Francisco das Chagas Batista.

Otacílio resolve, por fim, trazer sua família para morar em João Pessoa, aproveitando-se do ambiente mais favorável ao seu trabalho na capital paraibana. Dos filhos, as mais velhas Lígia e Lúcia, já maiores, decidem ficar em Fortaleza. Otacílio, Rosina e mais oito filhos (Lêda, Laís, José, Raimundo, Severina, Silvia, Soraia e Fernando) desembarcam na rodoviária pessoense no dia 7 de julho de 1977.

O período inicial de instalação na cidade é de grande tensão no ambiente familiar. A primeira residência provisória, onde a família se aloja, foi emprestada por Maria da Guia, e logo chegam no ouvido de Rosina os rumores da relação entre Da Guia e Otacílio. Otacílio também radicaliza para com os filhos uma postura que ele já vinha praticando desde Fortaleza: desestimular ao máximo que qualquer um de sua família assumisse a profissão de cantador ou mesmo enveredasse por qualquer caminho da poesia ou artístico. Havia na narrativa de Otacílio o discurso de que a poesia de repente era um dom divino, mas que era também um fardo, que como artista não era possível ganhar dinheiro e que o futuro na profissão era incerto. Incentivava os filhos que sempre estudassem, fizessem faculdade e passassem em concurso público, mas reprimia fortemente os que manifestavam dom artístico e não permitia sequer que tocassem na sua viola. Era fortemente acompanhado nessa pedagogia pela atitude de Rosina, que sentia na pele as dificuldades da vida de cantador e também preferia estimular os filhos a seguir o caminho de uma profissão mais estável. Apesar de serem amantes da poesia, nenhum dos filhos de Otacílio assumiu profissão como artista.

Uma vez o cantor Val Patriota, filho de Lourival Batista, visitou a casa de Otacílio. No momento de descontração na varanda,

Val pegou o violão e cantou algumas músicas de sua autoria. Otacílio aplaudiu e elogiou o sobrinho. Um dos filhos de Otacílio quis fazer o mesmo. Pegou o violão e cantou músicas populares da época. Otacílio disse:

— Como você tem coragem de cantar umas merda dessa depois de seu primo, Val, cantar tão bonito?

Somado a tudo isso, ainda havia a situação de Lêda Patriota, filha mais velha de Otacílio que via sua situação de saúde piorar. Depois de um período de internação em um hospital psiquiátrico em Fortaleza, Lêda vinha continuando seu tratamento com medicamentos em casa, sofrendo altos e baixos.

Querendo escapar dessa pressão, Otacílio, já com seus quase sessenta anos de idade, sempre procurava motivos para cantorias distantes e viagens. E a melhor dessas oportunidades apareceu logo em 1979. Giuseppe Baccaro — um rico italiano comerciante de obras de arte, radicado em Pernambuco —, juntamente com Germano Coelho — um antigo militante da esquerda católica e do Movimento de Cultura Popular (MCP) que havia sido eleito para a prefeitura de Olinda —, organizam uma caravana nacional de cantadores em defesa da anistia ampla, geral e irrestrita para todos os perseguidos políticos que viviam no Brasil ou estavam exilados. Era o momento em que a Ditadura Militar já dava evidentes sinais de enfraquecimento e grande parte dos cantadores repentistas passou a se associar ao crescente movimento de abertura democrática. Daí em diante, durante a década de 1980, quanto maior for a abertura política, maior será o espaço da poesia de repente.

De ônibus, a caravana percorre norte a sul do país, passando em cidades tão distantes quanto Belém e São Paulo. São vários dias na estrada. Em sextilhas, Otacílio fez assim a crônica da empreitada:

Giuzeppe Baccaro quis,
por intermédio de Olinda,
valorizar cantadores,
cedo ou tarde, a luta finda,
quase marginalizados,
no anonimato ainda.

Nossa viagem foi linda,
obedecendo ao roteiro.
Maceió, Aracajú,
Salvador, Rio de Janeiro.
São Paulo, sempre São Paulo,
sentiu mais o violeiro.

Nossa manifestação
dizia desta maneira:
seis mil poetas do povo
fiéis à mesma bandeira.
Merecemos um cantinho
na cultura brasileira.

Belém, muito hospitaleira,
cheia de amor e de brilho,
nos recebeu sorridente,
como quem recebe um filho.
Lá no teatro da paz
cantando um doce estribilho.

Não pode haver empecilho
na sublime inspiração.
Depois de tantos aplausos
naquela apresentação
fomos conhecer de perto
São Luis do Maranhão.

Além da televisão,
local e outros canais.
Toda a praça Deodoro
era pequena demais
para trinta mil pessoas —
a prova está nos jornais.

Quase nove capitais
nos ouviram com pureza.
De Teresina cantamos
sua tropical beleza,
viajando logo mais
à poética Fortaleza.

Os filhos da natureza
foram à praça do Ferreira.
Daudeth com Severino,
Geraldo Amâncio e Oliveira.
Otacílio e Vila Nova,
Furiba e Pedro Bandeira.

Dois Lourival, um bandeira
e o decano dos Batista.
Clodomiro, Estevão e Dias,
Zé Vicente, um grande artista,
dois Luís: Campos e Antonio.
Cada qual bom repentista.

Um aboiador de pista,
o famoso Valdevino.
Guriatã, bom poeta,
cordelista nordestino.
Adauto, Antonio Aleluia
Zé Gonçalves com Santino.

O povo potiguarino
ouviu com todo carinho.
Em Natal, no Alecrim,
chuvas de versos no pinho
e a cadência dos pandeiros
de Geraldo e Cachimbinho.

Milhares de brasileiros
ouviram saudosamente
a voz dos seus cantadores
numa viola inocente,
encerrando no Recife
o milagre do repente.

Recife, o Leão valente,
de nos ouvir, fez questão.
No jardim treze de maio,
símbolo da libertação.
Sem anistia irrestrita,
não pode haver união.

Disse um repentista irmão,
expressando o que sentia.
Treze de maio acabou
tudo que o negro sofria.
Brasil, diga ao presidente,
que lá fora há muita gente
precisando de anistia.

Folheto, livro e canção,
discos gravados aqui.
Com auxílio de Leal,
com Bráulio, Inêz e Lili,
Alexandrino e Ramalho,
toda a produção vendi.

> Termino apelando aqui,
> sem recalque, sem protesto,
> uma segunda viagem
> lançando outro manifesto.
> Pode o primeiro falhar,
> se Brandão não abrandar,
> Portela completa o resto.

No dia 28 de agosto de 1979, o ditador João Batista Figueiredo cede à pressão da caravana dos cantadores e dos principais movimentos sociais do país e assina a lei 6.683, concedendo anistia a todos quantos, no período compreendido entre 2 de setembro de 1961 e 15 de agosto de 1979, cometeram crimes políticos ou conexos com estes. Era o começo do fim da ditadura e o início de um período virtuoso para a cantoria de repente, com a explosão de gravações, publicações e a ocupação de espaços na grande mídia. A poesia de Otacílio vai ocupar um papel muito importante neste novo momento.

Capítulo 12

Mulher nova, bonita e carinhosa faz o homem gemer sem sentir dor

DE VOLTA DA CARAVANA DOS CANTADORES, Otacílio estava prestes a completar 40 anos de carreira como cantador-repentista. Com 57 anos de idade, talvez fosse o momento de preparar a aposentadoria e procurar descansar depois de tantos anos dedicados a viagens, congressos e cantorias. Mas foi exatamente nesse período que as portas das grandes gravadoras e da mídia se abriram para a divulgação do seu trabalho.

Na década de 50 do século passado, a gravadora Columbia Records dos Estados Unidos instalou uma filial no Brasil para distribuir títulos da matriz americana e explorar comercialmente novas revelações artísticas nacionais. Em menos de dez anos a gravadora ganhou grande visibilidade contratando o cantor Roberto Carlos, na época de saída da Polydor. Em razão disso, decidiu assumir uma imagem mais brasileira e mudou de nome para CBS. A partir da década de 1970 a CBS decidiu contratar artistas da música popular que ela definia como pertencentes ao estilo "brega", forma muitas vezes pejorativa com que a mídia tratava músicos como Odair José (que gravou dois álbuns e um compacto simples pela gravadora), Reginaldo Rossi e outros.

Foi nesse contexto que Otacílio gravou na CBS, junto com Diniz Vitorino, seu primeiro LP, em 1973: *Repentistas — Os gigantes do improviso*. Com direção artística de Roberto Stanganelli,[1] o disco tenta reproduzir de maneira gravada os elementos de uma cantoria de repente. A qualidade de gravação é baixa e muitas partes chegam a ficar quase inaudíveis. Como observa a pesquisadora Elisabeth Travassos,[2] a fidelidade ao som original da performance musical era assinalada no início do mercado fonográfico como uma qualidade dos discos. Inclusive a expressão *high fidelity* (alta fidelidade) era impressa nos discos de 33 rpm, significando que o registro produziria no ouvinte sensações sonoras iguais às que ele teria escutando a mesma música ao vivo. Mas, quando surgiu o *long play*, essa fidelidade foi abandonada em benefício de gravações purificadas de quaisquer "erros" e de eventuais "ruídos", erros esses que são, no fim das contas, a própria alma da poesia de repente. A mesma problemática que existia no exercício da cantoria no rádio passou a existir para a cantoria gravada em disco.

Em uma faixa intitulada "Cantador de meia tigela", um sextilha de pé quebrado com o mote *Esperando por você*, Otacílio destila no disco as críticas que tinha a muitos cantadores do período.

> O cemitério precisa de um zelador
> e você pra ser cantador
> tem a dor, mas falta o ser.
> Um bom coveiro no outro mundo tem a fama,
> tanto defunto na lama
> esperando por você.

---

[1]. Roberto Stanganelli nasceu em Guaranésia, no estado de Minas Gerais, no dia 24 de fevereiro de 1931. Como compositor e solista de acordeon, estreou em disco na década de 1950. Na carreira de produtor fonográfico, foi dele a produção das duas primeiras gravações da jovem dupla formada pelos Irmãos Lima, futuramente chamados de Chitãozinho e Chororó. Stanganelli é autor de mais de duas mil composições, gravadas por grandes intérpretes. Ele faleceu aos 79 anos de idade, no dia 24 de setembro de 2010, na capital paulista, onde residia há vários anos.

[2]. TRAVASSOS, Elizabeth. Repente e música popular: a autoria em debate. *Brasiliana: Revista quadrimestral da academia brasileira de música*. Rio de Janeiro, v. 1, n. 1, p. 06-15, 1999. Quadrimestral.

Cantardozinho de versinhos decorados
diminua seus pecados,
faça a Deus esta mercê.
Ele agradece o favor de um vagabundo,
tanta vergonha no mundo
esperando por você.

Essa verdade não dói num bom repentista,
no poeta e grande artista,
o mundo sabe o porquê.
Se você canta a natureza sem fim,
não tenha rixa em mim,
isso não pega em você.

Mas foi só a partir de 1976 que a CBS se voltou de verdade para os novos artistas que ascendiam no nordeste. Era o *Pessoal do Ceará* que aparecia com força no cenário nacional. Contrataram Raimundo Fagner, recém-saído da gravadora concorrente Continental, também vieram Amelinha, Zé Ramalho, Ednardo, Elba Ramalho, Geraldo Azevedo e o guitarrista Robertinho de Recife. No final do ano de 1981, a CBS assinou ainda uma *joint venture* com a gravadora SIGLA (Sistema Globo de Gravações Audiovisuais) de João Araújo (pai do cantor Cazuza e caça-talentos nos tempos da Philips e nos primeiros anos da Som Livre). Essa parceria originou o selo Opus/COLUMBIA, utilizado para lançamento de trilhas sonoras de novelas e séries da TV Globo. A CBS também era responsável pela fabricação de discos dos títulos lançados no selo até o fim da *joint venture*, no início de 1987.

Com o pouco sucesso do primeiro disco de Otacílio pela CBS, as portas tinham ficado fechadas para os cantadores na gravadora até o início da década de 1980. É por isso que a canção "Mulher nova, bonita e carinhosa faz um homem gemer sem sentir dor" foi gravada pela primeira vez na pequena gravadora pernambucana Rozembllit, com sede em Recife, em 1973. Era uma letra que versava em cima de um mote já tradicional na poesia de repente e, nesta primeira gravação, Otacílio e Clodomiro Paes faziam as vozes confrontantes utilizando uma outra melodia como toada. O título do LP era *Cantador Verso e Viola* em que, além de Otacílio e Clodomiro, também gravou Lourival Batista.

Foi com as novas mudanças ocorridas na CBS que uma nova oportunidade se abriu. A letra de "Mulher nova..." encantou Zé Ramalho, à época casado com a cantora cearense Amélia Cláudia Garcia Collares, a Amelinha. A música foi então devidamente registrada com letra de Otacílio Batista e melodia de Zé Ramalho, em 1982. Naquele mesmo ano, Amelinha lançou pela CBS um dos LP's mais importantes da música popular brasileira, com composições de Djavan, João do Vale, Gonzaguinha, Fagner e Vital Farias. Mesmo podendo ser um nome maior do que o normal para o título de um álbum, Amelinha resolveu nomear seu disco com o tema da poesia de Otacílio: *Mulher nova, bonita e carinhosa faz o homem gemer sem sentir dor*. A música alcançou grande sucesso e, através do selo OPUS/Columbia, tornou-se ainda trilha sonora e música tema da série *Lampião e Maria Bonita*, exibida na Globo no mesmo ano. Nunca um cantador-repentista tinha alcançado tamanho êxito com uma canção de sua autoria. Até hoje a canção segue atraindo atenção: no Youtube, o vídeo da música, oferecido pela Sony Music que atualmente detém os direitos autorais, tem quase 7 milhões de visualizações.

Mulher nova é uma poesia que tem a estrutura clássica da poesia de repente. É um martelo agalopado, estilo criado pelo cantador Silvino Pirauá. Em cada estrofe são dez versos (ou pés), com dez sílabas poéticas em cada verso. Rimam entre si o primeiro, o quarto e o quinto verso. O segundo e o terceiro verso formam entre si uma outra rima. A partir do sexto verso, a rima fica fixada no mote, rimando com o sétimo e o último verso em *-or*. O oitavo e o nono verso rimam entre si em *-osa*.

O mote do martelo, os dois últimos versos, é o que estabelece a oração da poesia. Talvez grande parte da beleza deste repente resida na forma como Otacílio desenvolveu o tema da participação da mulher na história, movimentando o mundo, causando convulsões, mas com graça e leveza, sem provocar dores. As duas primeiras estrofes exaltam o papel feminino na história clássica. São versos que têm os substantivos da pabulagem, quando o cantador demonstra conhecer as palavras, dominar o tema, e que tem sabedoria em retomar as referências. Na primeira estrofe está Helena, pivô da guerra de tróia. Na segunda está Roxana, a conquistadora que tomou o coração de Alexandre Magno da Macedônia.

> Numa luta de gregos e troianos
> por Helena, a mulher de Menelau,
> conta a história que um cavalo de pau
> terminava uma guerra de dez anos.
> Menelau, o maior dos espartanos,
> venceu Páris, o grande sedutor,
> humilhando a família de Heitor
> em defesa da honra caprichosa.
> *Mulher nova, bonita e carinhosa*
> *faz o homem gemer sem sentir dor*
>
> Alexandre, figura desumana,
> fundador da famosa Alexandria,
> conquistava na Grécia e destruía
> quase toda a população Tebana.
> A beleza atrativa de Roxana,
> dominava o maior conquistador,
> e depois de vencê-la, o vencedor
> entregou-se à pagã mais que formosa.
> *Mulher nova bonita e carinhosa,*
> *faz um homem gemer sem sentir dor*

A terceira estrofe é anticlímax da quarta e última que é, na verdade, o grande motivo deste repente. São duas quadras que se completam em sentido. A primeira afirmando que é a mulher quem controla seu próprio destino e que por isso deve ser amada por quem ama a poesia. E a segunda dizendo que toda a bravura de homens na história, enfrentando desafios ou tempestades (procela), não é nada se não for levado em conta o papel da mulher. Sem a participação da mulher a história é mentirosa.

> A mulher tem na face dois brilhantes
> condutores fiéis do seu destino.
> Quem não ama o sorriso feminino,
> desconhece a poesia de Cervantes.
> A bravura dos grandes navegantes
> enfrentando a procela em seu furor,
> se não fosse a mulher mimosa flor
> a história seria mentirosa.
> *Mulher nova, bonita e carinhosa*
> *faz o homem gemer sem sentir dor.*

Tão grande e importante como os conflitos da história clássica foi o papel de Lampião, o rei do cangaço, no cenário do nordeste brasileiro. De forma semelhante a Páris e Alexandre, Lampião amou o sorriso feminino e foi dominado por uma negra baiana de Paulo Afonso, da terra de Castro Alves, do condor, a famosa Maria Bonita, por excelência, a mulher nova, bonita e carinhosa.

> Virgulino Ferreira, o Lampião,
> bandoleiro das selvas nordestinas,
> sem temer a perigo nem ruínas,
> foi o rei do cangaço no sertão.
> Mas um dia sentiu no coração
> o feitiço atrativo do amor,
> a mulata da terra do condor
> dominava uma fera perigosa.
> *Mulher nova, bonita e carinhosa*
> *Faz o homem gemer sem sentir dor*

A partir do disco de Amelinha, Otacílio começa a viver sua *hype*, para usar uma expressão da moda. Passou a ser convidado para eventos da gravadora e de programas da rede Globo, como o Som Brasil. Tornou-se um artista consagrado, mas continuava um homem do sertão, completamente avesso aos protocolos da fama ou às práticas de propaganda para a construção da própria imagem. Recusava-se a encarnar o personagem artista, já que a poesia de repente, produzida na hora, reclamava sempre autenticidade. Jamais teve um produtor de suas cantorias ou obras, sempre editou seus próprios livros e agendou seus compromissos por si próprio. Sobre a vida de artista, dizia em casa:

— Rosina, televisão é tudo falso! A comida, a bebida, aquele povo fica tudo fingindo naqueles programas. Não tem nada, nada, que preste.

E foi exatamente a discussão sobre a autenticidade que veio estremecer a relação de Zé Ramalho com o universo dos cantadores. Em 20 de maio de 1982, o caderno do B do Jornal do Brasil publicou uma matéria intitulada "Mulher nova, bonita... é plagiada? Zé Ramalho diz que não". Ela noticiava que o cantor José Gonçalves — cearense, mas radicado em Campina Grande desde a década 1950, sendo também um dos principais idealizadores do Congresso Nacional de Violeiros — estava reivindicando para si a autoria da melodia de "Mulher nova". Gonçalves afirmava que havia inventado a melodia em 1980, quando se apresentava no Drink Lanche, o popular bar do seu Malu, no centro de Campina Grande. Citava ainda Ivanildo Vila Nova, Santino Luiz e Geraldo Amâncio como suas testemunhas.

Menos de dois meses depois, uma nova acusação de plágio foi levantada contra Zé Ramalho, agora diretamente dirigida contra a música de trabalho de seu novo álbum *Força Verde*. A Folha de São Paulo afirmou, no dia 14 de julho de 1982, que

o cantor e compositor Zé Ramalho foi acusado de plágio de um poema do dramaturgo e poeta irlandês William Butler Yeats, falecido em 1939, na França. A composição identificada como plagiária é nada menos que "Força Verde" (...). Autor da acusação: o jornal A União, do governo da Paraíba, em texto de primeira página, assinado pelo repórter Wellington Farias. (...) Na esteira da onda que se levanta contra Zé Ramalho, o poeta popular e repentista José Gonçalves da Silva, de Campina Grande, já constituiu advogados para ingressar com uma ação contra o compositor, por ter plagiado a melodia de sua autoria no sucesso recente de Amelinha.

O pitoresco deste segundo plágio era que a fonte era um gibi de um super herói da editora Marvel, o mais verde deles, o incrível Hulk. O poema de Yeats foi usado como legenda para os quadrinhos de uma história no nº 1 da revista do Incrível Hulk, publicada no Brasil em 1972. Foi um colecionador de histórias em quadrinhos que encontrou a pista do poema. Ao ver o cantor no Fantástico apresentando sua nova música, ele reconheceu o texto e conseguiu localizá-lo em sua coleção.

Esta nova denúncia deixou Zé Ramalho na defensiva e fez crescer os olhos de Zé Gonçalves, que viu a possibilidade de ser vitorioso na contenda. Ivanildo Vila Nova, antigo desafeto de Otacílio, jogava ainda mais gasolina na fogueira declarando à Folha que considerava Zé Ramalho um plagiador que costumava utilizar versos de cantadores em suas obras sem citar os verdadeiros autores. Havia ainda em jogo o cenário político paraibano, uma vez que o jornal que primeiro fez a denúncia, A União, é de propriedade do governo estadual e preparava a eleição de Wilson Braga, do PDS, para o pleito de novembro daquele ano. Já a família de Zé Ramalho no estado estava ligada a políticos da oposição, apoiando a eleição de Antônio Mariz, do PMDB. Refugiado em um hotel em Ipanema, Zé Ramalho escalou o advogado José Carlos Éboli para dar declarações à imprensa e assumir que os versos de "Força Verde" haviam mesmo sido adaptados do gibi do Hulk.

Mas com relação a "Mulher Nova" a versão de Zé Gonçalves sobre a melodia não parava em pé. Zé Gonçalves já havia declarado que a composição tinha sido elaborada em 1980, mas a gravação apresentada como prova, a faixa "Morte e sucessão do Papa", um martelo agalopado com o mote *João Paulo primeiro era o sorriso/ e João Paulo segundo é esperança*, gravada no LP

Natureza em Festa por Ivanildo Vila Nova e Severino Feitosa, era de 1979, um ano antes. Apesar de haver semelhança na melodia, nem de longe se pode dizer que se trata da mesma composição. Maria Helena Marinho, filha de Lourival Batista e neta de Antonio Marinho, entrou na polêmica declarando que essa melodia era ouvida por ela desde criança como uma toada comum nos motes em dez sílabas. Otacílio deu declarações à imprensa, reconhecendo o domínio público da melodia, mas afirmando o trabalho criativo de Zé Ramalho na composição dos arranjos.

A pesquisadora Elizabeth Travassos[3] vai relembrar características da oralidade ressaltadas pelos folcloristas, que determinam a apropriação das toadas e melodias com as quais se faz o repente. Os cantadores dominam um estoque — cuja dimensão varia individualmente — de toadas que são recuperadas na memória no momento mesmo em que cantam. Talvez seja mais correto dizer que essas toadas são elaboradas e reelaboradas no momento em que eles cantam, pois nenhuma delas é uma linha de sons fixos, memorizados numa sequência que deve se repetir. Não existem versões "originais" nem "autorizadas" de toadas. Os desempenhos individuais de repentistas não são avaliados por sua correção ou fidelidade "nota a nota" para com uma versão de referência. A imensa maioria das toadas constitui para os repentistas um estoque de ideias melódicas disponível para o uso em performances, mas isso não exclui a associação entre algumas delas. Ao contrário, o mecanismo mais comum de identificação de uma melodia é a associação entre ela e um indivíduo. Diz-se, por exemplo, "esta é a toada de Bandeira", ou "esta toada é de João Alexandre", para identificar uma melodia ou uma ideia melódica que se memorizou. Essas expressões podem implicar tanto autoria quanto o uso: o falante acredita que Bandeira compôs certa toada, ou que João Alexandre prefere uma dada toada, usando-a

---

3. TRAVASSOS, Elizabeth. Repente e música popular: a autoria em debate. *Brasiliana: Revista quadrimestral da academia brasileira de música*. Rio de Janeiro, v. 1, n. 1, p. 06-15, 1999. Quadrimestral.

tantas vezes nas cantorias que a melodia se agrega à lembrança de suas performances. O comportamento com relação aos versos, naturalmente, é outro. O verso de um autor não pode ser apropriado sem a devida menção à autoria. O contrário é cantar verso decorado, *balaio*.

Travassos ressalta ainda que a suposição de que há autores das toadas não tem como consequência limitações no uso das mesmas com fins comerciais — isto é, em cantorias que são remuneradas pelos ouvintes e pelos promotores, ou em discos que são vendidos. Ninguém se opõe a este uso, pois as toadas são patrimônio coletivo dos cantadores. Quem cria conscientemente uma melodia sabe que ela pode cair no gosto do público e que será então cantada pelos colegas, que lhe darão suas versões.

Ainda mais, o artigo oitavo da lei dos direitos autorais (5.988/73) diz que "é titular de direitos de autor quem adapta, traduz, arranja, ou orquestra obra caída no domínio público; todavia não pode, quem assim age, opor-se a outra adaptação, arranjo, orquestração ou tradução, salvo se for cópia da sua". Tomando-se as toadas de cantoria como música folclórica, de domínio público, tanto os cantadores quanto Zé Ramalho estariam adaptando melodia tradicional, todos com iguais direitos a suas adaptações e impedidos de contestar adaptações feitas por outros músicos.

Como forma de gratidão pela parceria, Zé Ramalho ainda vai produzir no mesmo ano, e dentro do contrato com a CBS, o primeiro disco solo de Otacílio e que, podemos dizer, foi verdadeiramente profissional: *Otacílio Batista do Pajeú*. O encarte do disco, escrito por Zé Ramalho, diz que

> esta é a primeira vez que o poeta Otacílio Batista lança um disco individual. Os anteriores foram gravados em dupla, com outros repentistas. O trabalho atual, produzido por Zé Ramalho, traz doze faixas dentro de várias modalidades usadas pelos cantadores (…). Otacílio é um mestre. Sua cantoria aborda uma infinidade de temas (…). Basta ouvir os versos de Otacílio Batista gravados neste álbum para perceber imediata-

mente que estamos diante de um artista privilegiado, fato que justifica ainda mais o lançamento do disco na série de Projetos Especiais da CBS.

É neste disco que Otacílio vai registrar um martelo agalopado (dez sílabas poéticas) em sextilha intitulado "O Poeta", um dos mais belos versos produzidos por Otacílio sobre o valor da profissão do cantador.

> Não há nada no mundo que o poeta
> não entenda por meio da poesia.
> Desde a flor inocente que vegeta
> a mais culta e profunda teologia.
> Como sábio do verso ele interpreta
> a mensagem divina, noite e dia.
>
> O poeta não vive de ilusão,
> o poeta com Deus se comunica.
> Se eleva com tanta perfeição
> e com amor divinal se purifica.
> Ele pode mudar de habitação,
> mas na alma do povo o nome fica.
>
> O poeta é quem pinta, sem pincel,
> o passado, o presente e o futuro.
> É tão grande na vida o seu papel,
> tão fecundo, tão nobre e tão seguro.
> Como a luz da poesia é tão fiel,
> não se perde o poeta no escuro.
>
> Há momentos em que se martiriza
> se alguém não respeita o que ele faz.
> Ele tem sobre o peito uma divisa
> retratando os segredos divinais.
> A sua alma de vate se eterniza
> na beleza das coisas naturais.

O poeta conduz no coração
o retrato dos seres esquecidos.
Sendo filho das musas, tem razão
de sentir pelos povos oprimidos.
Elementos sem lar, sem luz, sem pão,
pelo próprio destino perseguidos.

Não se move uma ave na amplidão
que não seja por Deus determinada.
O poeta é quem mais sente emoção
quando a vê num recanto desprezada.
Um poema, um soneto, uma canção,
em defesa da pobre abandonada.

O poeta nasceu predestinado.
Como Cristo, é na vida um sofredor
por alguns invejosos censurado.
Mas não pode o poeta ter rancor,
conduzindo um madeiro tão pesado,
o calvário do verso é seu amor.

O poeta é quem sente e concretiza
os profundos mistérios do oceano.
A linguagem romântica da brisa,
a fraqueza mortal do ser humano,
tudo isso o poeta diviniza,
sem nenhuma ofensa ao soberano.

É surpreendente que esse disco tenha também uma importante faceta de crítica política e social. Além do "Apelo ao Papa", verso de denúncia da miséria no Brasil, Otacílio lança versos diretos contra o poder constituído, a ditadura que já vinha enfraquecida, mas ainda resistia ao movimento por eleições diretas para presidente. Na sextilha "Eu vi Brasília de perto", Otacílio denunciou a exploração dos trabalhadores que construíram a capital:

Eu vi Brasília de perto
crescer por entre um deserto
no coração de Goiás.
Arranha-céu bem traçado,
governo, câmara e senado,
e o dedo dos generais.

A primeira construção
que se fez naquele chão,
o Palácio da Alvorada.
Por candangos sofredores
na mão dos exploradores
em troca de quase nada.

Denunciou ainda o poder ditatorial e o domínio do capital financeiro internacional sobre as decisões do país:

A praça dos três poderes,
senhora dos pareceres
que ao nosso país domina.
Quando o executivo ordena,
o tribunal molha a pena
e o legislativo assina.

No Distrito Federal,
um lago artificial,
sentinela da cidade.
Banco sobrando dinheiro
do capital estrangeiro,
tem de toda qualidade.

Ainda falou da presença dos nordestinos na cidade, sua situação de pobreza e, de forma inusitada, denunciou com sutileza o racismo no interior do poder eclesial, afirmando que o único santo que ele não viu na Igreja moderna foi o santo negro, o Benedito.

Bem no centro de uma área,
ergue-se a rodoviária,
o retrato do sertão.
Lá fora, com mais conforto,
um moderno aeroporto
que sobe e desce avião.

Brasília avançou demais,
comércio, rádios, jornais,
o progresso lhe rodeia.
Gritemos nas emissoras:
precisamos de lavouras,
trabalho e barriga cheia.

Vi numa igreja moderna
pedaços da vida eterna
voando para o infinito.
Imagens por todo o canto,
no meio de tanto santo
só faltava Benedito.

Nas moradas da cutia,
cobra, tatu, peba e gia,
cachorro e veado novo.
Onde pastava o jumento
é casa do parlamento
vivendo às custas do povo.

Em sessenta no Brasil,
a vinte e um de abril,
surge uma nova família
feita de pedra e cimento.
Deus conserve o monumento
do fundador de Brasília.

O disco *Otacílio Batista do Pajeú* se tornou um clássico para conhecer a poesia de repente do nordeste brasileiro. Otacílio foi o cantador vivo mais famoso e respeitado no período, mesmo estando nos anos finais de sua carreira.

Toda essa fama fica expressa na segunda edição da caravana dos cantadores, organizada por Giuseppe Baccaro, em 1986. Agora o tema tinha uma conotação política ainda mais forte que a primeira: a Reforma Agrária. Antonio Lisboa era na época um jovem cantador selecionado para participar da caravana. Seu papel era o de coordenar a comissão de comunicação, estabelecendo um rodízio entre os cantadores que apareceriam para a mídia local a cada parada. É ele quem conta que o primeiro cantador procurado para entrevistas pelos jornalistas era sempre Otacílio.

Com o fim da década de 1980, a redemocratização e o fim da censura, o Brasil estava próximo a entrar na longa noite neoliberal dos anos 1990, reestruturando a inserção do país no cenário econômico internacional e modificando, consequentemente, o sentido próprio de quase todas as expressões culturais nacionais. Nesse período, Otacílio completava, como ele mesmo sempre gostava de lembrar, "meio século de viola" e entrava no período final de sua trajetória de cantador-repentista.

Capítulo 13

Ele pode mudar de habitação, mas na alma do povo o nome fica

> Na velhice o sujeito nada faz
> a não ser uma igreja que visita,
> mas se um dia encontrar mulher bonita
> ele troca Jesus por Satanás.
> Lembra logo o seu tempo de rapaz
> e diz pra ela: me ame por favor.
> A resposta que tem é: não, senhor,
> sua idade passou, deixe de prosa.
> *Mulher nova, bonita e carinhosa*
> *faz o homem gemer sem sentir dor.*[1]

O FINAL DA DITADURA MILITAR e dos órgãos de censura às manifestações artísticas vai abrir espaço também para um novo mercado a ser explorado pelos produtores da literatura do romanceiro popular brasileiro. São as poesias chamadas de fesceninas ou picantes, na verdade, versos pornográficos ou de duplo sentido, sempre muito apreciados nas cantorias em cabarés e ambientes privados, mas agora sim acessíveis ao público amplo, publicados em livros ou cordéis. O que antes era dito de maneira escondida, secreta, agora é procurado por muita gente, e se expressa na forma de um humor de gosto muito duvidoso. As interpretações dessa explosão de desejo sexual reprimido podem ser encontradas nas diferentes teorias da psicologia.

---

1. Versos da canção original "Mulher nova, bonita e carinhosa faz o homem gemer sem sentir dor", gravada por Otacílio no LP *Cantador Verso e Viola — Violeiros do Pajeú*, de 1973. Esta última estrofe foi retirada da canção registrada com Zé Ramalho.

Otacílio sempre teve grande prazer em produzir esse tipo de literatura. Ele foi um cantador com forte propensão ao riso e era figura sempre presente nos cabarés, nos cassinos e em outros ambientes tidos como *underground*.

A partir de 1978, Otacílio começa a investir forte neste tipo de literatura com a publicação de *Ria até cair de costas*. Em 1984, publica os *Versos apimentados de João Mandioca*. Já em 1987, um ano após a morte de Dimas Batista, publica *O caçador de veados*. Neste livro estão os versos de duplo sentido que ficaram clássicos formando uma cacofonia com a palavra "cume". Otacílio relata que

em uma cantoria em que os irmãos Dimas e Otacílio estavam improvisando vários assuntos, surgiu um pedido de João de Sussu para que eles cantassem em trovas como os antigos trovadores provençais, que cantavam em quadras. (...) O assunto surgiu inesperadamente. Dimas e Otacílio cantaram as saudades do Ceará, onde os poetas possuem uma granja no cume da chapada do Apodi. (...) Para algumas pessoas poderão causar impacto, principalmente, as mais ligadas à moral antiga. Mas, observando bem, nota-se que os dois poetas estavam apenas gracejando para maior alegria dos que os ouviam.

Na verdade, a parceria entre Dimas e Otacílio para a produção desses versos nunca existiu. Dimas, um professor universitário muito sério e conservador, jamais permitiria ter seu nome associado a versos pornográficos. A tal granja na serra do Apodi também é fictícia. A inclusão de Dimas na história era mais uma provocação que o "moleque" Otacílio fazia com o irmão, já falecido. Otacílio parece ter se divertido muito produzindo essas quadras, já que foram 102 estrofes publicadas em torno deste mesmo tema. Aqui estão algumas:

Lá bem no alto da serra,
toda cheia de verdume,
há uma granja, cuja terra,
eu dei o nome de Cume.

Foi herança da mulher,
lugar mais fresco não há.
Lá se planta o que se quer
porque tudo o Cume dá.

Dum variado matriz,
em toda parte há roseira.
Quem sobe lá sempre diz:
que tudo no Cume cheira.

Quando o sol brilha nos campos
todo o Cume resplandece.
Vem a noite e os pirilampos
depois que o Cume escurece.

Pelo inverno o Cume esfria.
Cai a chuva de onda em onda.
O vento no Cume chia,
o trovão no Cume estronda.

Água no Cume entra e sai,
enche a fonte e se derrama.
Muito pau no Cume cai,
pelo Cume desce a lama.

Lá no Cume grita a gia.
A rola no Cume treme,
o pinto no Cume pia,
a pomba no Cume geme.

Em 2001, o humorista e cantor cearense Falcão gravou pela Som Zoom o CD *Do penico à bomba atômica,* onde está registrada a faixa "No cume", com versos muito semelhantes aos que Otacílio havia publicado em 1987.

O ano de 1987 marcou também o fim do contrato de cinco anos de Otacílio com a CBS, que não foi renovado. Em 1990, Otacílio vai completar cinquenta anos de carreira como cantador-repentista e, agora sim, era o momento de pensar em se aposentar e descansar após tanto trabalho. No ambiente doméstico, o dinheiro do contrato com a CBS e também a ajuda das filhas mais velhas tinha permitido quitar a casa própria no bairro do Brisamar, em João Pessoa. Os filhos já estavam com suas vidas encaminhadas, todos devidamente afastados do meio artístico, cursando a universidade pública ou aprovados em algum concurso. A filha mais velha, Lêda, diagnosticada com esquizofrenia, viveria sempre com os pais, cuidando e sendo cuidada.

Como que se retirando da lida das cantorias, Otacílio registra pela Polydisc seu último LP. Com cinco faixas de cada lado, o disco celebrava o "meio século de viola" que Otacílio completava. Celebrando a efeméride, ele disse esses dez pés:

> Sou do Pajeú das Flores,
> rama do mesmo jardim,
> cidade de Itapetim
> dos três irmãos cantadores.
> Lá, eu cantei meus amores
> na noite de São João,
> no tempo que no sertão
> quem mandava era a pistola.
> *Meio século de viola*
> *não é brincadeira não*
>
> Foi sorte nascer com sorte
> e viver sempre cantando,
> pelo Brasil espalhando
> poesia de Sul a Norte.
> Canto até depois da morte
> o que não cantei no chão,
> sou livre como a canção

de um canário sem gaiola.
Meio século de viola
não é brincadeira não.

Nesse período, Otacílio encerrou também o seu programa *De repente a viola*, na rádio Tabajara. De 1958 a 1990, foram mais de 30 anos ininterruptos defendendo a poesia de repente na estação 105,5 de frequência modulada, mas que é ouvida também em amplitude modulada em todo o estado. A rádio pública pediu a Otacílio que, na saída, assinasse um documento redigido pelo departamento jurídico, isentando a rádio de qualquer responsabilidade trabalhista ou previdenciária pelos anos de serviço prestados. Entre outras coisas, a declaração mencionava:

tenho a declarar, ainda, que os horários por mim utilizados era (sic), também aproveitados para que eu fizesse a divulgação dos meus trabalhos escritos, inclusive livros, valendo salientar, também, que entre o declarante e a empresa não havia nenhum compromisso como acontece entre empregado e empregador, sendo que as pequenas importâncias que foram passadas às minhas mãos, nada mais eram do que gratificações dadas como reconhecimento pelo trabalho que eu fazia em favor da arte e da cultura nordestina.

Talvez como um sintoma do valor que é atribuído a nossa constituição histórica, não foi possível encontrar nos arquivos da rádio Tabajara a gravação de nenhum dos programas de Otacílio.

Com o falecimento de Lourival, em 1992, o sentimento de fim de carreira se fortalece, assim como a sensação de que a idade já estava desajustada em relação às mudanças da modernidade. Como prometido aos irmãos, Otacílio publica em 1995 o livro *Os três irmãos cantadores*. Em contato com seu sobrinho Nenê (Chárliton Patriota), pede a ele que organize uma cantoria em São José do Egito para o lançamento da obra. Nenê então sugere uma cantoria com um jovem repentista, Edmilson Ferreira. Após a cantoria, Otacílio se hospeda na casa de sua irmã, Madá, e sentado na varanda vê Edmilson passando de moto. Em conversa com Nenê, Otacílio diz:

— Meu sobrinho, eu gostei muito da cantoria de ontem. Esse cantador, Edmilson, canta bem, mas não tem futuro não.
— Por que, meu tio?
— Eu já vi cantador de todo jeito, a pé, a cavalo, de carro, mas de moto... Eu nunca vi não.

Já um ancião, Otacílio ficava quase sempre em sua casa, transitando entre a rede na varanda e o sofá em frente à televisão, quase sempre com um livro na mão. Tornou-se aficionado pela história dos Papas católicos e pensava em transformar essa história em cordel. Nunca perdia a condição de provocador e brincalhão. Assistindo ao noticiário da noite, uma reportagem relatava uma tragédia, e Rosina, beata e assídua frequentadora da paróquia São Pedro e São Paulo no bairro do Brisamar, afirmou:
— Só a volta de Jesus para trazer algum alívio para essa situação.
— Ele volta nada! Se voltar, vão matar ele de novo. — Otacílio provocava e caía na gargalhada com a irritação de Rosina.

A partir de 1995, a volta de Miguel Arraes do Partido Socialista Brasileiro ao governo de Pernambuco e a indicação de Ariano Suassuna como seu secretário de cultura vão tirar Otacílio de casa para mais viagens. Ariano resolve promover a cultura brasileira em eventos no exterior, e a dupla Otacílio e Oliveira de Panelas era sempre escolhida para representar os cantadores. Nesta missão, foram para Cuba em atividades de solidariedade à ilha socialista e também para Portugal. É nessas viagens que Otacílio começa a apresentar sinais mais nítidos de adoecimento. Trocava os remédios, perdia itens pessoais, confundia eventos, não reconhecia as pessoas. Não houve diagnóstico preciso, mas tudo indica que ele havia desenvolvido a síndrome de Alzheimer. Aos poucos, Otacílio vai perdendo qualquer memória recente, mantendo apenas as mais antigas.

A situação vai se agravar ainda mais na virada do século. Rosina, então com 72 anos de idade, é diagnosticada com câncer já em metástase, alastrado pela cabeça e o pulmão. A família tenta investir no tratamento, mas a situação evolui muito rápido, causando seu falecimento em janeiro de 2000. Otacílio estava separado da companheira de 50 anos de casamento.

A doença de Otacílio evoluiu muito rapidamente após a morte de Rosina. Em pouco tempo, ele já não podia ficar só e precisava de ajuda mesmo para as necessidades básicas. No dia 5 de agosto de 2003, dia do aniversário da cidade de João Pessoa, a cidade que escolheu para viver, Otacílio sofreu uma parada cardiorrespiratória causada por um edema, em sua residência no bairro do Brisamar.

Naquela data, eu tinha dezoito anos de idade e vivia em Recife. Voltando para João Pessoa para acompanhar o velório, encontrei uma cerimônia muito simples, sem nenhuma pompa de celebridade, organizada na própria varanda da residência de Otacílio. O momento mais impactante foi quando a cantora Bia Marinho, sobrinha de Otacílio e filha de Lourival Batista, aproximou-se do caixão, pegou na mão de Otacílio e cantou, lindamente, "Mulher nova, bonita e carinhosa, faz o homem gemer sem sentir dor".

Otacílio foi sepultado no cemitério Boa Sentença, próximo ao Parque Solón de Lucena, no centro de João Pessoa. Mais tarde, seus restos mortais foram trasladados para o cemitério Parque das Acácias, no bairro José Américo, em um jazigo familiar.

A última apresentação de Otacílio como cantador ocorreu no dia 1 de outubro de 2002. Quem relata é Zé Patriota, seu filho, que o acompanhou na cantoria. Otacílio foi convidado a fazer uma declamação na Assembleia Legislativa da Paraíba, em um evento em comemoração ao dia do vereador. Pagaram o cachê para que ele dissesse versos de improviso alusivos à data. Quando José chegou na casa do pai para buscá-lo, Otacílio não lembrava que o evento ia acontecer. José teve que explicar do que se tratava. Depois de trocar de roupa e entrar no carro, antes de saírem, Otacílio pergunta:

— Para onde a gente vai?

Depois de nova explicação, na chegada à Assembleia, a cena se repete, e dentro do plenário ainda é necessário lembrar duas vezes sobre o que se tratava aquele evento. Quando Otacílio é anunciado para a declamação, ele ainda para hesitante em frente ao púlpito, olha para o filho e pergunta:

— O que eu tô fazendo aqui mesmo?

Após uma nova explicação no pé do ouvido, Otacílio se apruma, solta a garganta e improvisa em martelo de dez pés, oito pés, e em galope à beira mar uma série de estrofes em homenagem aos vereadores, mais de trinta minutos de improvisação. É de fazer pensar sobre o permanente mistério do surgimento dos versos nas cavernas do juízo.

Posfácio
Tributo a Otacílio Batista — a poesia vive!

FOI NA MANHÃ DA TERÇA-FEIRA, dia 5 agosto, do ano de 2003, por volta das nove horas, que Otacílio Batista, com seus exatos 79 anos e 10 meses de vida, faleceu vítima de um edema pulmonar, talvez uma sequela ainda deixada dos tempos de fumante, vício que só conseguiu largar aos 55 anos de idade. Uma doença que tentou silenciar uma das vozes mais potentes que ecoou por todos os cantos do Brasil e outros países. Tentou silenciar, porque a voz e o estilo de Otacílio permanecem bem vivos e não serão apagados, sobretudo, pela resistência cultural, necessária e precisa, quando se trata de um vulto de sua magnitude.

Uma das iniciativas mais reconhecidas no meio cultural em homenagem à memória do poeta é o evento *Tributo a Otacílio Batista — a Poesia Vive*, premiado pelo Ministério da Cultura e presente no calendário cultural de João Pessoa, capital paraibana. O Tributo é organizado pelos familiares de Otacílio e tem como fundador, apresentador, incentivador e entusiasta o jornalista Fernando Patriota, filho mais novo do homenageado.

A primeira edição do Tributo, que já está em sua 16ª versão, aconteceu em agosto de 2004, um ano depois da morte de Otacílio Batista. O local escolhido para o evento foi O Sebo Cultural, centro de João Pessoa, local onde Otacílio lançou alguns de seus livros, além de participar e promover cantorias. A partir daí, o Tributo ocorreu anualmente, exceto em 2019 e 2022.

Em 2020, primeiro ano da pandemia da Covid-19, foi realizada a live *Tributo a Otacílio Batista — A Poesia Vive*, por meio do canal no YouTube *Acervo Otacílio Batista*. O evento foi um sucesso, com mais de mil visualizações e milhares de acessos. Em 2022, contudo, a Comissão Organizadora decidiu focar as homenagens para 2023, ano do centenário de nascimento de Otacílio.

O *Tributo a Otacílio Batista — a Poesia Vive*! tem uma formatação aberta para diversas manifestações artísticas derivadas e/ou correlatas à poesia popular, partindo de um eixo de apresentação de modalidades da cantoria de viola, declamação de cordéis e exaltação à genialidade do repente, e abre-se a outras modalidades musicais, canto coral, dança, teatro e outros estilos de poesia. Durante esses 16 anos de resgate da memória artística daquele que foi autor de mais de uma dezena de livros e discos, muitos foram os artistas que subiram nos palcos do Tributo. Entre eles: os poetas repentistas Oliveira de Panelas, Daudeth Bandeira, Pedro Bandeira, Antônio Costa, Paulo da Cruz, Jorge Nascimento, Severino Paulo, Pereira Santos; os declamadores e poetas José Patriota, Raimundo Patriota, Cleudon Chaves Júnior, Astier Basílio, Orlando Camboim, Jatobá, Paulo de Tarso, Nelsão, Irani Medeiros; as intérpretes Sílvia Patriota e Bia Marinho; os grupos musicais Voz Ativa, Encanto e Poesia e Seu Pereira; e Yuri e Banda; como também os grupos de dança e teatro Vant Vaz, SertãoTeatro e Ethenos; o maestro João Linhares, Beto Brito, Bebé de Natércio, Ademilson José e baterista Beto Preá, entre outros.

Outro artista importante para a concretização e permanência do Tributo a Otacílio Batista é o poeta, arquiteto cearense e genro de Otacílio Batista, Cleudon Chaves Júnior. Ele teve uma maior aproximação com a vida e obra de Otacílio Batista, a partir do seu casamento com Lígia Patriota, terceira filha do poeta. A admiração pela cantoria foi despertada ainda criança, por sua proximidade na convivência interiorana em Tabuleiro do Norte, Ceará, cidade escolhida por Otacílio, após sua saída da região do Pajeú das Flores, Pernambuco, na década de 40.

Para Cleudon, o Tributo busca referências na própria obra do artista. "Afinal a notoriedade adquirida em ofício por qualquer personalidade, terá sempre nesse ofício o esteio maior de sua própria compreensão. Talvez mais explicitamente na atividade artística, em que o recurso da linguagem assume em cada momento, em cada manifestação, aparentemente desconexa, a condição de elo de interação e também de síntese de uma obra", acredita.

Cleudon, responsável por ilustrar alguns livros de Otacílio Batista, ressaltou que o poeta, em sua luta incansável pela busca de espaços para a divulgação e reconhecimento de sua arte, como singular preciosidade cultural do Nordeste brasileiro, não se limitou apenas ao aspecto mais impressionante e inventivo de sua expressão poética, que é o repente, o verso de improviso sob o ponteio da viola: "Ao iniciar sua carreira, numa época em que os meios de comunicação de massa eram ainda escassos e de difícil acesso, a exemplo de outros cantadores, Otacílio dedica-se paralelamente à produção de uma obra escrita, que se inicia com cordéis, evolui para alguns livros com coletâneas de poemas e tem seu ápice no lançamento da *Antologia Ilustrada dos Cantadores*", pontuou.

Muitos foram os palcos pelos quais Tributo a Otacílio Batista passou. Além de O Sebo Cultural, o evento também foi apresentado no Sindicato dos Bancários da Paraíba, em João Pessoa, no Centro Histórico da Cidade, no Bar e Restaurante O Baiano e no Bairro dos Bancários — sendo este último um recanto de intelectuais, músicos, jornalistas, políticos e acadêmicos. Durante a noite do Tributo, no entorno do Bar do Baiano, foram registradas mais de 1.500 pessoas.

Contudo, o 15º Tributo foi um dos mais emblemáticos e aconteceu na Praça Otacílio Batista, localizada no Bairro Brisamar, onde ele morou por 26 anos. Aquela oportunidade representou uma verdadeira festa em homenagem à cultura popular. Ali, vários artistas se apresentaram, com muita cantoria de viola, declamação e música brasileira, no clima típico dos festivais de música realizados no meio rua ou nas feiras livres, com total interatividade entre músicos e plateia. "Estou orgulhoso e honrado de participar de um evento como este. Todo artista merece ser lembrado por sua trajetória e a trajetória do mestre Batista foi uma das que marcou a história do repente", pontuou Daudeth Bandeira.

A Praça Otacílio Batista nasceu de um projeto idealizado por Fernando Patriota e defendido pelo então vereador Flávio Eduardo Maroja Ribeiro, mais conhecido como Mestre Fuba, cantor, compositor e carnavalesco. O Projeto de Lei foi aprovado por unanimidade pela Câmara Municipal, que se transformou na Lei 11.371, sancionada, naquela oportunidade, pelo prefeito da Capital, Ricardo Coutinho, e inaugurada em setembro de 2019, mês de aniversário de nascimento de Otacílio e na gestão do prefeito Luciano Cartaxo. Na verdade, a praça estava praticamente abandonada. Hoje, o espaço beneficia moradores do Brisamar, João Agripino, Jardim Luna e Bairro São José, com acesso à cultura, esporte e lazer. Fuba lembrou que Otacílio Batista é um cidadão pessoense e paraibano, embora tenha nascido em Pernambuco. "Mas foi na Paraíba que conseguiu desenvolver mais fortemente sua arte. Ele foi o repentista que mais propagou a arte de improvisar, sendo responsável por levar os estilos da cantoria por vários países como Cuba, além de todos os estados brasileiros", avaliou.

Outro produto que veio a reboque do Tributo a Otacílio Batista foi o lançamento da terceira edição do livro *Antologia Ilustrada dos Cantadores*, de autoria do professor universitário Francisco Linhares e de Otacílio Batista, como já foi dito antes. A obra foi organizada por Fernando Patriota e publicada pela Editora da Universidade Federal da Paraíba (UFPB). As duas primeiras edições da Antologia foram publicadas pela Universidade Federal do Ceará (UFCE). O livro atual vem com 351 páginas e traz a história da cantoria de viola, desde os seus primórdios, até chegar ao nordeste brasileiro. Mais de 300 cantadores são citados no livro, que tem como um dos prefaciadores José Américo de Almeida.

O livro foi lançado em 2013, na Sala de Autógrafos da IX Festa Literária Internacional de Pernambuco (Fliporto). Naquele ano, a Fliporto homenageou o escritor paraibano José Lins do Rego, com o tema "A Literatura é um Jogo". A Festa trouxe uma programação de peso da literatura nacional e internacional. Mais de 100 mil pessoas passaram na Fliporto, durante os quatro dias do evento, na Praça do Carmo, em Olinda. Também em 2013, a 3ª edição de

Antologia Ilustrada dos Cantadores foi lançada na 4ª Feira Literária de Boqueirão (Flibo). Atualmente, a 3ª edição da obra está esgotada e um projeto com a Fundação Casa José Américo de Almeida objetiva lançar a quarta edição do livro, ainda em 2023. *Antologia Ilustrada dos Cantadores* figura nas prateleiras da Biblioteca Central de Moscou, uma das mais importantes do mundo.

A partir do primeiro Tributo a Otacílio Batista, outros produtos culturais também surgiram, como o lançamento do CD *Nas Asas do Uirapuru — Silvia Patriota canta Otacílio Batista*, da cantora, poeta e filha de Otacílio Batista, Sílvia Patriota. O disco tem as participações de seus irmãos Raimundo Patriota, José Patriota e Fernando Patriota. O primeiro lançamento do disco aconteceu no Sindicato dos Bancários da Paraíba, dentro da programação do Tributo de 2015. Para alguns jornalistas e críticos, *Nas Asas do Uirapuru* representa a mais importante obra musical produzida em homenagem a Otacílio Batista. As músicas foram escolhidas a dedo, inclusive algumas nunca antes gravadas, e os arranjos são do maestro João Linhares.

Outro importante reconhecimento ao legado de Otacílio Batista veio da Academia de Letras e Artes de Tabuleiro do Norte. Desde de janeiro de 2020, o poeta passou a fazer parte do grupo de patronos da Academia, que avaliou o conjunto de livros, dentre eles *Antologia Ilustrada dos Cantadores*, a condição para ser patrono da escritora e poeta Eulinda Maria Noronha Moreira, ocupante da Cadeira no 32. A Academia possui 40 integrantes, sendo 16 na área de Letras, 12 de Artes e 12 dos segmentos de Educação e Cultura.

As iniciativas de recuperação da memória e de impulso à poesia popular como o Tributo a Otacílio precisam ser valorizadas e apoiadas, ampliando cada vez mais o alcance e afirmando, em alto e bom som, que a nossa história vale muito e precisa ser contada e cantada, seja em prosa ou seja em verso, mesmo os sendo os de bancada, mas principalmente aqueles que são ditos de improviso, de repente.

Fernando Patriota

Apêndice

Cronologia

1885 Em 17 de setembro, nasce, em Ouro Velho (PB), Raimundo Joaquim Patriota, pai de Otacílio Batista.

1891 Em 22 de maio, nasce, em Teixeira (PB), Severina Guedes Batista de Melo (quando casada: Severina Guedes Patriota), mãe de Otacílio Batista

1915 Em 6 de janeiro, nasce Lourival Batista, cantador repentista, irmão de Otacílio.

1916 Em 28 de dezembro, nasce Otacília Batista, poeta e professora, irmã de Otacílio.

1921 Em 17 de julho, nasce Dimas Batista, cantador repentista, irmão de Otacílio.

1923 Em 26 de setembro, nasce Otacílio Batista (Otacílio Guedes Patriota), na vila de Umburanas, então São José do Egito, atual cidade de Itapetim.

1928 Em 11 de julho, nasce Rosina Hélia de Freitas, futura esposa de Otacílio, em Limoeiro do Norte (CE).

1940 Em 6 de janeiro, Otacílio Guedes Patriota faz sua primeira cantoria, no dia de reis, em São José do Egito, com 17 anos de idade. Em 21 de novembro, morre Raimundo Joaquim Patriota, pai de Otacílio

1943 Otacílio ingressa no exército durante a Segunda Guerra Mundial.

1946 Em 26 de setembro, Otacílio realiza cantoria no Teatro Santa Izabel, organizado por Ariano Suassuna.

1947 Em 31 de maio, Otacílio canta no primeiro festival de cantadores de Fortaleza (Teatro José de Alencar), junto com o cego Aderaldo, ganhando o primeiro lugar. O festival foi promovido por Rogaciano Leite.

1948 Otacílio participa do Congresso de Cantadores em Recife, promovido por Rogaciano Leite

1949 Em 30 de abril, Otacílio realiza viagem ao Rio de Janeiro e São Paulo, para promoção da cantoria de repente. Em dezembro, Otacílio conhece a professora Rosina Hélia de Freitas.

1950 Em 14 de fevereiro, Otacílio se casa com Rosina, fixando residência em Tabuleiro do Norte (CE). Em 16 de novembro, nasce Leda Patriota, primeira filha de Otacílio e Rosina.

1954 Em 25 de dezembro, nasce Lúcia Patriota, segunda filha de Otacílio.

1955 Em 16 de novembro, nasce Lígia Patriota, terceira filha de Otacílio.

1956 Em 12 de maio, morre Severina Guedes Patriota: "Morreu no mês de Maria a mãe dos três cantadores". Em 18 de dezembro, nasce Laís Patriota, quarta filha de Otacílio.

1958 Em 7 de julho, nasce Raimundo Patriota, quinto filho de Otacílio. Em 8 de junho, a cidade de Tabuleiro do Norte (CE) recebe a emancipação política.

1959 Em 29 de julho, nasce José Patriota, sexto filho de Otacílio. Em 10 de dezembro, Otacílio venceu congresso de cantadores no Rio de Janeiro, patrocinado pelo Jornal do Brasil e pela condessa Pereira Carneiro. Em 11 de dezembro, Manuel Bandeira publica no Jornal do Brasil o poema "Saudação aos Violeiros" em que homenageia os participantes do congresso.

1960 Em 26 de março, ocorre o rompimento da barragem de Orós, no Vale do Jaguaribe.

1961 Em 5 de maio, nasce Loângela, sétima filha de Otacílio.

1962 Em 14 de junho, nasce Severina Patriota, oitava filha de Otacílio.

1963 Otacílio é eleito vereador e presidente da Câmara Municipal pelo PSD, em Tabuleiro do Norte. Cumpriu a segunda legislatura dessa câmara, de 1963 a 1967.

1964 Em 29 de setembro, nasce Silvia Patriota, nona filha de Otacílio.

1966 Morre Loângela, filha de Otacílio, com 4 anos de idade, de meningite.

1967 Em 21 de julho, nasce Soraia Patriota, décima filha de Otacílio.

1969 Em 3 de junho, nasce Fernando Patriota, décimo primeiro filho (caçula) de Otacílio. Nesse ano, Otacílio venceu o congresso de cantadores no Teatro do Parque, promovido por Rubens Teixeira, em Recife.

1970 Otacílio publica seu primeiro livro, *Poemas e canções*.

1971 Otacílio vence pela quinta vez o congresso de cantadores no Teatro Santo Rosa, João Pessoa. Em 20 de janeiro, grava a canção "Mamãe e Papai".

1972 No mês de fevereiro, Otacílio e família mudam de Tabuleiro do Norte (CE) para Fortaleza (CE).

1973 Otacílio grava os LP's *Repentistas — Os gigantes do improviso*, com Diniz Vitorino, e *Cantador, verso e viola — violeiros do Pajeú*, com Lourival e Clodomiro Paes.

1975 Otacílio vence, em Fortaleza, festival realizado pela SOVIBRIL, duplando com Dimas Batista. Inicia também a parceria com o cantador Oliveira de Panelas, a mais longeva de sua carreira.

1976 É publicada a primeira edição da *Antologia Ilustrada dos Cantadores*, em Fortaleza, Ceará, em coautoria de Francisco Ferreira Linhares

1977 Em 7 de julho, Otacílio e família mudam de Fortaleza (CE) para João Pessoa (PB).

1978 É publicada a primeira edição de *Ria até Cair de Costas*.

1979 Otacílio circula com a caravana dos Cantadores patrocinada pelo comerciante italiano Giuseppe Baccaro. O tema da caravana é *Anistia*. É lançado LP *Só Deus improvisa mais*, de Otacílio Batista e Oliveira de Panelas.

1980 Em 9 de julho, Otacílio canta para o Papa João Paulo II, no estádio de Fortaleza, Castelão. É lançado o LP *Apelo ao Papa*, com Pedro Bandeira.

1981 É publicada a primeira edição do livro *Poemas que o povo pede*.

1982 É publicada a segunda edição da *Antologia Ilustrada dos Cantadores*, em Fortaleza, Ceará, em coautoria de Francisco Ferreira Linhares.

1982 É publicada a segunda edição de *Ria até Cair de Costas*. A canção "Mulher nova, bonita e carinhosa faz o homem gemer sem sentir dor" é gravada no LP de Amelinha e faz parte da trilha sonora da Série *Lampião e Maria Bonita* da Rede Globo.

1983 É publicada a primeira edição de *A criança abandonada e outros poemas*.

1984 É publicada a primeira edição de *Os versos apimentados do velho João Mandioca*. Otacílio grava o LP *A arte da Cantoria — regras da cantoria. V. 2*, com Oliveira de Panelas.

1986 Morre Dimas Batista.

1987 Nova caravana dos Cantadores patrocinada por Giuseppe Baccaro, com o tema *Reforma Agrária*. É publicada a primeira edição de *O Caçador de Veados*.

1989 É lançado o LP *Meio século de viola*.

1992 Em 5 de dezembro, morre Lourival Batista.

1993 Em 5 de junho, morre Otacília Batista, irmã de Otacílio. É publicada a primeira edição de *Poemas escolhidos*.

1994 Terceira caravana dos Cantadores patrocinada por Giuseppe Baccaro, com o tema *Saúde Nordeste*.

1995 É publicado o livro *Os três irmãos cantadores*.

1996 Otacílio visita Havana, em Cuba, representando a Cantoria brasileira em atividades de solidariedade ao povo cubano.

1997 Otacílio visita a cidade do Porto, em Portugal, representando a cantoria brasileira em atividades de intercâmbio cultural.

2000 Em 17 de janeiro, morre Rosina Freitas Patriota.

2003 Em 5 de agosto morre Otacílio Batista em João Pessoa.

Discografia

REPENTISTAS – OS GIGANTES DO IMPROVISO: OTACÍLIO BATISTA E DINIZ VITORINO, 1973.
LP de Otacílio Batista e Diniz Vitorino.
Gravadora: CBS.

CANTADOR VERSO E VIOLA – VIOLEIROS DO PAJEÚ: OTACÍLIO BATISTA, LOURIVAL BATISTA E CLODOMIRO PAES, 1973.
LP de Otacílio Batista e Lourival Batista.
Gravadora: Rozemblit.

OS IRMÃOS BATISTA DO PAJEÚ, 1974.
LP de Dimas, Otacílio e Lourival Batista.
Gravadora: RBS,

VIOLA VERSO VIOLA, 1975.
LP de Otacílio, Dimas, Lourival e Diniz Vitorino.
Gravadora: Rozemblit.

NORDESTE: CORDEL, REPENTE, CANÇÃO, 1975.
LP de Lourival e Otacílio Batista.

OS MONSTROS SAGRADOS DO IMPROVISO: OTACÍLIO BATISTA E PEDRO BANDEIRA, 1978.
LP de Otacílio Batista e Pedro Bandeira.

SÓ DEUS IMPROVISA MAIS – OTACÍLIO BATISTA E OLIVEIRA DE PANELAS, 1979.
LP de Oliveira de Panelas e Otacílio Batista.

APELO AO PAPA, 1980.
LP de Otacílio Batista e Pedro Bandeira.
Gravadora: Chantecler.

OTACÍLIO BATISTA DO PAJEÚ, 1982.
LP de Otacílio Batista.
Gravadora: CBS.

MEIO SÉCULO DE VIOLA, 1989.
LP de Otacílio Batista.
Gravadora: Polydisc.

A MÚSICA BRASILEIRA DESTE SÉCULO POR SEUS AUTORES E INTÉRPRETES —
OTACÍLIO BATISTA E DINIZ VITORINO, 2000.
CD de Otacílio Batista e Diniz Vitorino.

NO CORAÇÃO DO POVO: FREI DAMIÃO DE BOZZANO, 2001.
CD de Oliveira de Panelas e Otacílio Batista.
Gravadora: Sony Music.

BIBLIOGRAFIA CONSULTADA

ALGRANTI, Leila Mezan. *O feitor ausente*. Rio de Janeiro: Vozes, 1988.

ALVES SOBRINHO, José. *Glossário da poesia popular*. Campina Grande, PB: Editel, 1982.

ALVES SOBRINHO, José; ALMEIDA, Átila Augusto de. *Dicionário Bio-bibliográfico de repentistas e poetas de bancada*. João Pessoa, PB: Editora Universitária, 1978.

ANDRADE, Mário de. *Compêndio de História da Música*. São Paulo: Eugenio Cupolo, 1929.

ANGELO, Assis. *Presença de cordelistas e cantadores repentistas em São Paulo*. São Paulo: Ibrasa, 1996.

ARAÚJO, João Mauro Barreto de. *Voz, viola e desafio: experiências de repentistas e amantes da cantoria nordestina*. 2010. 304 f. Dissertação de Mestrado. Curso de História Social. Universidade de São Paulo, São Paulo, 2010.

ASSARÉ, Patativa do. *Cordéis e outros poemas*. Fortaleza, CE: Edições UFC, 2006.

AYALA, Maria Ignez Novais. *No arranco do grito: aspectos da cantoria nordestina*. São Paulo: Ática, 1987.

AYALA, Maria Ignez Novais; OLIVEIRA, Josélio Paulo Macário de (org.). *Nossa história em poesia (poemas reunidos)*. Crato, Ce: Edson Soares Martins, 2016.

BANDEIRA, Manuel. *Estrela da Vida Inteira*. São Paulo: Record, 1975.

BAPTISTA, Francisco Chagas. *Cantadores e poetas populares*. Parahyba, PB: Popular Editora, 1929.

BAPTISTA, Pedro. *Cangaceiros*. Parahyba, PB: Livraria São Paulo, 1929.

BARRETO, Lima. *Quelé do Pajeú*. São Paulo: Edameris, 1965.

BATISTA, Dimas. *Desafio e cantoria*: Dimas e Cabeleira. 2. ed. Desconhecido: Desconhecida.

BATISTA, Francisco das Chagas. *Literatura popular em verso: antologia tomo IV*. Rio de Janeiro: Fundação Casa de Rui Barbosa, 1977.

_____. *Literatura popular em verso: antologia*. Rio de Janeiro: Fundação Casa de Rui Barbosa, 1977.

_____. *Literatura popular em verso: estudos tomo I*. Rio de Janeiro: Fundação Casa de Rui Barbosa, 1973.

BATISTA, Otacílio. *O caçador de veados*. João Pessoa, PB: Unigraf, 1987.

_____. *O que é que falta fazer mais? (e outros poemas)*. João Pessoa, PB: Unigraf, 1990.

_____. *Os três irmãos cantadores: Lourival, Dimas e Otacílio*. João Pessoa, PB: Editora do autor, 1995.

_____. *Os versos apimentados de João Mandioca*. João Pessoa, PB: A União, 1984.

_____. *Poemas Escolhidos*. João Pessoa, PB: Boa Impressão, 1993.

_____. *Zé Américo em versos*. 2. ed. João Pessoa, PB: Eduepb, 2020.

BATISTA, Otacílio; LINHARES, Francisco. *Antologia ilustrada dos cantadores*. 2. ed. Fortaleza, CE: UFC, 1982.

BENICIO, Manoel. *O rei dos jagunços*. Brasília: Senado Federal, 1997.

BOSI, Ecléa. *Memória e Sociedade: lembranças de velhos*. São Paulo (SP): Companhia das Letras,1979.

BRASIL. MINISTÉRIO DA CULTURA. *Dossiê de Registro: literatura de cordel*. Brasília: Ministério da Cultura, 2018. 237 p.

CALMON, Pedro. *História do Brasil na poesia do povo*. Rio de Janeiro: Editora Bloch, 1972.

CANDIDO, Antonio. *Formação da literatura brasileira: momentos decisivos 1750-1880*. 16. ed. São Paulo: Fapesp, 2017.

CARNEIRO, Josélio (org.). *Tabajara 65 anos: a rádio da Paraíba*. João Pessoa, PB: A União, 2002.

CARVALHO, Nadja de Moura. *A cantoria continua de pé (de parede): estudo sobre a forma de produção da poesia repentista nordestina*. 1991. 144 f. Dissertação de Mestrado. Curso de Sociologia. Universidade Federal da Paraíba, Campina Grande, PB, 1991.

CASCUDO, Luis da Câmara. *Literatura oral no Brasil*. 2. ed. Brasília: Livraria José Olympio Editora, 1978.

_____. *Vaqueiros e Cantadores*. Belo Horizonte: Itatiaia, 1984.

CASTRO, Simone Oliveira de. *Memórias da cantoria: palavra, performance e público*. 2009. 263 f. Tese de Doutorado. Curso de Sociologia. Universidade Federal do Ceará, Fortaleza, CE, 2009.

COSTA, Marcos Roberto Nunes; PASSOS, Saulo Estevão da Silva. *Itapetim: ventre imortal da poesia*. 2. ed. Recife, PE: Cepe, 2013.

COSTA, Luiz Fernando Macêdo. A universidade brasileira na década de 1970. *Revista Brasileira de Educação Médica*. [S.L.], v. 5, n. 2, p. 79-80, ago. 1981. FapUNIFESP (SciELO).

COUTINHO FILHO, Fernando. *Violas e Repentes: repentes populares em prosa e verso. Pesquisas folclóricas no nordeste brasileiro*. Recife, PE: Mec, 1953.

D'ALVA, Oscar Arruda. *O extrativismo da carnaúba no Ceará*. 2004. 193 f. Dissertação de Mestrado. Curso de Desenvolvimento e Meio Ambiente. Universidade Federal do Ceará, Fortaleza, CE, 2004.

DAMASCENO, Francisco José Gomes (org.). *História(s) e(m) Arte(s): reflexões sobre sujeitos*. Campina Grande, PB: Edufcg, 2012.

_____. *Versos quentes e baiões de viola: cantorias e cantadores do/no nordeste brasileiro no século XX*. Campina Grande, PB: Edufcg, 2013.

FILGUEIRA, Cícero Renan Nascimento. *Entre a feira e o teatro: a dinâmica dos repentistas em Pernambuco (1900-1948)*. 2017. 214 f. Dissertação de Mestrado. Curso de História. Universidade Federal Rural de Pernambuco, Recife, PE, 2017.

FORTALEZA, Pingo de. *Pérolas: o feminino no cancioneiro cearense*. Fortaleza, CE: Expressão Gráfica e Editora, 2018.

FREIRE, Antônio. *Revoltas e Repentes*. João Pessoa, PB: Nova Paraíba, 1974.

FURTADO, Celso. O golpe de 1964 e o nordeste. *Cadernos do Desenvolvimento*. Rio de Janeiro, v. 7, n. 11, p. 212-215, 2012. Semestral.

GOMES, Germana Guimarães. *"Insultos", "Elogios" e "Resistências": participação de repentistas negros em cantorias do nordeste (1870-1930)*. 2012. 178 f. Dissertação de Mestrado. Curso de História. Universidade Federal da Paraíba, João Pessoa, PB, 2021.

_____. *Manoel Camilo e o cordel São Saruê: a invenção de um paraíso no Nordeste*. 2007. 65f. Monografia. Graduação em História. Centro de Educação, Universidade Estadual da Paraíba, Campina Grande, 2007.

GOMES, Jandynéa de Paula Carvalho. *"Do Rock ao Repente": identidades híbridas nas canções de Zé Ramalho no contexto da década de 1970*. 2012. 127 f. Dissertação de Mestrado – Curso de História, Universidade Federal da Paraíba, João Pessoa, PB, 2012.

HASENBALG, Carlos. *Discriminação e desigualdade raciais no Brasil*. Belo Horizonte: Editora UFMG, 2005.

KANDEL, E. R. *Em busca da memória*: o nascimento de uma nova ciência da mente. Tradução: Rejane Rubino. São Paulo: Companhia das Letras, 2009.

KLÖCKNER, Luciano; PRATA, Nair (org.). *História da mídia sonora [recurso eletrônico]*:: experiências, memórias e afetos de norte a sul do Brasil. Porto Alegre, RS: Edipucrs, 2009.

LE GOFF, Jacques. *História e Memória*. Tradução de Bernardo Leitão et al. Campinas (SP): Editora da Unicamp, 1996.

LEITE, Dante Moreira. *O caráter nacional brasileiro:* história de uma ideologia. São Paulo: UNESP, 2002.

LEITE, Pedro Sisnando. *A tragédia de Orós*: documento histórico. Fortaleza, CE: Instituto do Ceará, 2009.

LEITE, Rogaciano. *Carne e Alma*. 5. ed. Fortaleza, CE: Imeph, 2021.

LESSA, Orígenes. *Inácio da Catingueira e Luís Gama*: (dois poetas negros contra o racismo dos mestiços). Rio de Janeiro: Fundação Casa de Rui Barbosa, 1982.

LIMA, Antônio José de. *Legado filosófico de poetas e repentistas semianalfabetos*. Recife, PE: Bagaço, 2018.

LIMA, Luciano Mendonça de. *Derramando susto:* e os escravos e o quebra-quilos em Campina Grande. Campina Grande, PB: Edufcg, 2006.

MARCELO, Carlos; RODRIGUES, Rosualdo. *O fole roncou*: uma história do forró. Rio de Janeiro: Zahar, 2012.

MEDEIROS, Irani. *Chica Barrosa*: a rainha negra do repente. João Pessoa, PB: Idéia, 2009.

_____. *Fabião das Queimadas:* de vaqueiro a cantador. Natal, RN: CJA Edições, 2017.

MONTEIRO, Maria do Socorro de Assis. *Repente: do canto árabe aos sertões nordestinos*. 2004. 152 f. Dissertação de Mestrado – Curso de Letras, Universidade Federal de Pernambuco, Recife, PE, 2004.

MORAES, Ana Paula da Cruz Pereira de. *Em busca da liberdade: os escravos no sertão do rio Piranhas, 1700-1750*. 2009. 134 f. Dissertação de Mestrado – Curso de História, Universidade Federal de Campina Grande, Campina Grande, PB, 2009.

MOTA, Leonardo. *Violeiros do Norte*: poesia e linguagem do sertão cearense. Rio de Janeiro: Cátedra, 1976.

_____. *Cantadores*: poesia e linguagem do sertão cearense. 5. ed. Rio de Janeiro: Cátedra, 1978.

MOURA, Clóvis. *O preconceito de cor na literatura de cordel (tentativa de análise sociológica)*. São Paulo: Resenha Universitária, 1976.

NASCIMENTO, Antonio Marinho do. *Louro do Pajeú*: uma plataforma digital de memória e contemporaneidade poética. 2020. 80 f. Dissertação – Curso de Indústrias Criativas, Universidade Católica de Pernambuco, Recife, PE, 2020.

NUNES, Luís. *Inácio da Catingueira*: o gênio escravo. João Pessoa, PB: A União, 1979.

OLIVEIRA, Luciano Py de. *A música na cantoria em Campina Grande (PB)*: estilo musical dos principais gêneros poéticos. 1999. 203 f. Dissertação de Mestrado – Curso de Música, Universidade Federal da Bahia, Salvador, BA, 1999.

ORTRIWANO, Gisela Swtlena. *A informação no rádio*: os grupos de poder e a determinação dos conteúdos. 3. ed. São Paulo: Summus, 1985.

PATRIOTA, Fernando. Inácio da Catingueira: analfabeto, escravo, poeta e repentista: notas sobre a cultura e escravidão no interior do nordeste. *Saeculum*, João Pessoa, PB, v. 1999, n. 1998, p. 25-33.

PINTO, Mayra; PATRIOTA, Sandino. A peleja histórica de Inácio da Catingueira e Romano Caluete: uma análise dialógica do repente brasileiro. *Linha D'água*, São Paulo, v. 33, n. 3, p. 247-265, 2020.

PINTO, José Neumanne. *Os Cem Melhores Poetas Brasileiros do Século*. 1ª. reimpressão. São Paulo: Geração Editora, 2001.

PORFÍRIO, Alberto. *Poetas Populares e Cantadores do Ceará*. Brasília: Horizonte, 1978.

PORTELLI, Alessandro. *História Oral e Poder*. Mnemosine. Vol.6, nº2, 2010.

RAFAEL, Ésio; BEZERRA, Jaci (org.). *Livro dos repentes*: congresso de cantadores do recife. Recife, PE: Companhia Editora de Pernambuco, 1991.

RAMALHO, Elba Braga. *Cantoria nordestina*: música e palavra. São Paulo: Terceira Margem, 2000.

RAMALHO, Maria de Lourdes Nunes. *Raízes ibéricas, mouras e judaicas do Nordeste*. João Pessoa, PB: Editora Universitária – UFPB, 2002.

REIS, João José; SILVA, Eduardo. *Negociação e Conflito: A resistência negra no Brasil escravista*. São Paulo: Companhia das Letras, 1989.

SANTOS, Edmilson Ferreira dos. *Desafio no repente: a poética da cantoria na contemporaneidade*. 2017. 117 f. Dissertação de Mestrado – Curso de Linguística, Universidade Federal da Paraíba, João Pessoa, PB, 2017.

SANTOS, Idelette Muzart-Fonseca dos. *Memória das vozes: cantoria, romanceiro e cordel*. Salvador: Secretaria da Cultura e Turismo: Fundação Cultural do Estado da Bahia, 2006.

SANTOS, Francisca Pereira dos. *Novas cartografias no cordel e na cantoria:desterritorialização de gênero nas poéticas das vozes*. 2009. 270 p. Tese (Doutorado em Letras) – Centro de Ciências Humanas, Letras e Artes, Universidade Federal da Paraíba, João Pessoa, 2009.

SAUTCHUK, João Miguel. *A poética do improviso: prática e habilidade no repente nordestino*. Brasília: Unb, 2012.

SILVA, Josivaldo Custódio da. *Pérolas da cantoria de repente em São José do Egito no Vale do Pajeú: memória e produção cultural*. 2011. 463 f. Tese de Doutorado – Curso de Letras, Universidade Federal da Paraíba, João Pessoa, PB, 2011.

SILVA, Maria Ivoneide da. *Cantoria de viola nordestina: narrativas sobre a vida e a performance dos repentistas*. 2006. 154 f. Dissertação de Mestrado – Curso de Letras, Universidade Federal da Bahia, Salvador, BA, 2006.

SOARES, Roniere Leite. *Resquícios Cangaçais: um resgate memorial dos bandos anônimos*. 2005. 104 f. Dissertação de Mestrado – Curso de Ciências da Sociedade, Universidade Federal de Campina Grande, Campina Grande, PB, 2005.

SOUZA, Laércio Queiroz de. *Mulheres de repente: vozes femininas no repente nordestino*. 2003. 186 f. Dissertação de Mestrado – Curso de Letras, Universidade Federal de Pernambuco, Recife, PE, 2003.

SZESZ, Christiane Marques. Uma história intelectual de Ariano Suassuna: leituras e apropriações. 2007. 300f. Tese (Doutorado em História) – Universidade de Brasília, Brasília, 2007.

TAVARES, Braulio. *A fonte dos relâmpagos*. Cajazeiras, PB: Arribaçã, 2022.

TEJO, Orlando. *Zé Limeira: o poeta do absurdo*. 3. ed. Natal, RN: Embaixada de Pernambuco no RN, 1974.

TEÓFILO, Rodolfo. *A fome: cenas da seca do Ceará*. São Paulo: Tordesilhas, 2011.

TRAVASSOS, Elizabeth. Repente e música popular: a autoria em debate. *Brasiliana: Revista quadrimestral da academia brasileira de música*. Rio de Janeiro, v. 1, n. 1, p. 06-15, 1999. Quadrimestral.

VARGAS, Getúlio. *As diretrizes da Nova Política do Brasil*. São Paulo: José Olímpio Editora, 1942

VASCONCELOS, José Rabelo de. *O Reino dos Cantadores ou São José do Egito etc., coisa e tal*. 2 ed.-São José do Egito: Ed. do autor, 2014.

VERAS, Ivo Mascena. *Lourival Batista Patriota*. Recife, PE: Cepe, 2004.

VOLOCHINOV, Valentin. *A palavra na vida e a palavra na poesia*: ensaios, artigos, resenhas e poemas. São Paulo: Editora 34, 2019. Organização, tradução e ensaio introdutório de Sheila Grillo e Ekaterina Vólkova.

Agradecimentos

A publicação deste livro só foi possível graças ao apoio generoso de apologistas, amantes da poesia de repente e de fãs da obra poética de Otacílio, a quem registro aqui meu mais profundo agradecimento: Severina Maria Patriota Coutinho, Mayra Pinto, Miriam Debieux, Maria Socorro dos Santos França, Damaris Santos Souza do Lago e Priscilla Santos de Souza.

Adverte-se aos curiosos que se imprimiu este livro na gráfica Meta Brasil, em 14 de agosto de 2023, em papel pólen soft, em tipologia MinionPro e Formular, com diversos sofwares livres, entre eles LaTeX & git.
(v. c1cb94d)